WANT GOOD FOOD

MICHI BRANDL

WANT
GOOD
FOOD

Heinen
LOVEBRANDS

*45 Rezepte voller Liebe
und Ungezwungenheit
für jede Lebenslage.*

INHALT

....

01
LET THE
STORY BEGIN

HEY LOVES!

Willkommen in meiner chaotisch leckeren Kochwelt! Hier wird gekleckert, wild gemixt und selbstbewusst geköchelt. Alles ist erlaubt. Außer schmatzen vielleicht. Für den Fall, dass ihr noch nicht so genau wisst, in wessen Küche ihr gerade eingeladen wurdet, stelle ich mich mal kurz vor:

....

ICH BIN MICHI

Michaela (So nennt mich auch heute mit 38 Jahren nur mein Papa, wenn ich etwas ausgefressen habe) oder einfach @michivonwant auf Instagram. „Von Want" ist nicht mein Nachname, sondern eine Anspielung auf meinen Schuhladen „The Wants Shoes" in der Kölner Lindenstraße. Gemeinsam mit Mark – meinem Partner in Crime, Business, Love und allen anderen Lebenslagen – habe ich mir mit dem Laden 2015 einen Mädchentraum erfüllt und den Grundstein für unsere eigene Social-Media-Welt gesetzt. Neben meiner Liebe fürs Kochen und für Schuhe, ist in meinem Herzen ganz viel Platz für Fellnasen. Ich bin leidenschaftliche Hundemama von Hazel und Cookie. Die beiden Mäuse sind immer mit dabei und stauben nach einem langen Arbeitstag auch mal was vom Schnippel-Brett in der Küche ab.

ICH BIN IN KÖLN ZUHAUSE

Ein echtes Kölsches Mädche quasi. Und was macht mich als dieses aus? Die Liebe zu Menschen, Essen, Harmonie und spontanen Verbindungen. Kundinnen in meinem Laden werden zu Freundinnen, Verkaufsgespräche driften immer öfter ins Private ab und mein Team sitzt oftmals spontan auf meinem Balkon oder der Couch und wird bekocht. Ganz ohne Stress, meistens ohne Plan und mit eben dem, was im Kühlschrank wartet. Strikte Vorgaben sind nicht so meins. In meiner Küche ist Gefühl statt Gramm gefragt! Und trotzdem schreibe ich dieses Kochbuch.

WIESO NOCHMAL?

Weil mein Kochen nach Gefühl funktioniert, ich es unglaublich liebe, mich auszuprobieren und meine leckeren Chaostöpfe teilen und verschriftlichen will. Mein Kochstil ist ungezwungen und in der Entstehungsphase von neuen Rezepten auch gerne mal ein wenig unstrukturiert. Michi halt. Mein Kopf ist meist an mehreren Orten und in mehreren Geschehen gleichzeitig. Mit der Konzentration ist das so eine

Sache und ich glaube, mich nicht daran erinnern zu können, jemals pünktlich gekommen zu sein. Letztendlich bin ich aber trotzdem da – irgendwann. Mein Essen schmeckt auch ohne strenge Regeln – irgendwie immer.

ICH STEHE NIE ALLEIN AM HERD

Über Social Media teile ich mein Leben und meine Liebe zu gutem Essen. Das hat zur Folge, dass meine Community immer wieder mit neuen Kreationen gefüttert wird und jede Menge Feedback, Anregungen und „Das war lecker, gibt's von der Sorte noch mehr?"-Nachrichten im Postfach landen. Und da ich unglaublich gerne teile und den Austausch mit anderen Foodies so genieße, kommt hier direkt ein ganzes Buch voller Michi-Rezepte!

DIESES KOCHBUCH IST EHER UNKONVENTIONELL

Wie ihr mit einem schnellen Blick ins Inhaltsverzeichnis feststellen werdet, sind meine Gerichte nicht nach Vorspeise, Hauptgang oder Dessert geordnet. Meine Einteilung erfolgt – ihr ahnt es bestimmt schon – nach Gefühl. So erwarten euch zum Beispiel Gerichte, die zu Couchtagen passen, einfache Snacks, die zwischen Meeting, Beratungsgespräch und Sporteinheit verputzt werden können, Speisen, die nach Urlaub schmecken oder Klassiker, die mich in meine Kindheit zurückversetzen.

IN DIESEM BUCH STECKEN MEINE LEBENSREZEPTE

Es ist eine Sammlung der Gerichte, die genau jetzt zu meinem Alltag gehören. In der Form, wie sie hier abgebildet sind oder in der Form, die ich spontan kreiere. Das wünsche ich mir von euch auch. Ich erlaube hiermit ausdrücklich, meine Zutatenliste als Inspiration und nicht als Gesetz zu sehen. Tauscht aus, was ihr tauschen möchtet, lasst weg, was euch nicht in den Topf kommt und ergänzt, was euch fehlt. Gemeinsam kochen wir die Gerichte, die genau jetzt zu uns passen. Also ran an den Kochlöffel, wir legen los!

WENN DAS GEFÜHL STIMMT

—

SCHMECKT ES AM BESTEN

02 TASTES
LIKE
PURE LIFE

WILLKOMMEN IN MEINER KÜCHE

Meine Rezepte sind nicht schwierig in der Zubereitung und meistens schnell gemacht.
Doch auch wenn sie super easy (und selbstverständlich lecker) sind, gilt es doch eines zu beachten:
Gut muss es sein. Und zwar jede einzelne Komponente.

....

WIE ICH KOCHE

So gerne ich jegliche Grammangaben fremder Rezepte als Vorschlag und nicht als Muss ansehe, so penibel bin ich bei der Zubereitung meiner eigenen Rezepte. Wenn ich sie denn final entwickelt habe.

Zu Beginn werfe ich tatsächlich erstmal alles, was gut zusammen aussieht und riecht, in einen Topf oder in eine Pfanne. Das Ergebnis ist nicht immer direkt ein Volltreffer, doch auf der Grundlage meiner Zutaten und meiner Vorstellung experimentiere ich dann so lange, bis ich genau meinen Geschmack getroffen habe. Und ab dann heißt es: Finger weg von meinem Rezept – das muss genau so und ist perfekt!

Für mich. Euer Perfekt sieht vielleicht anders aus. Also dürft ihr auch meine Zutatenliste als Vorschlag nehmen und eure Variante von Perfekt finden. Einfach mal ausprobieren, könnte ja lecker werden!

WAS ICH KOCHE

Meine Küche ist nicht unbedingt an ein Land gebunden. Ich erwische mich aber immer öfter dabei, wie ich in die mediterrane, italienische Küche abdrifte. Frische Kräuter, leckere Öle, fruchtige Komponenten und Meeresfrüchte – allein beim Aufschreiben bekomme ich Hunger!

Ob ihr die Zutaten für meine Rezepte im Supermarkt oder beim Bauern eures Vertrauens besorgt, ist ganz allein euch überlassen. Nehmen wir meine geliebten Trüffel-Spaghetti (s. Seite 71) mal als Beispiel: Hier könnt ihr euch entweder einen Trüffel aus dem Feinkostladen gönnen, eine günstigere, eingelegte Variante aus dem Supermarkt kaufen oder euch für die Alternative Trüffelöl entscheiden. Die Varianten schmecken zwar verschieden, sind aber alle super lecker.

Kauft so ein, wie ihr mögt und wie euer Budget es zulässt! Wenn mir nach dem Luxusgut Fleisch oder Fisch zumute ist, achte ich schon sehr stark auf die Qualität und Herkunft der Zutaten. Dann verzichte ich auch gerne mal, statt Abstriche zu machen.

IM VORRATSKÄMMERCHEN

Ich koche immer frisch, aber so einige Basics gehören bei mir schon in die „Ich hab da mal was vorbereitet"-Kategorie. Ich nenne sie mal ganz liebevoll meine Grundrezepte. Diese lassen sich saisonal abwandeln und multifunktional lecker kombinieren. Doch bevor wir in die Welt meiner liebsten Soßen, Dressings und Pestos eintauchen, erzähle ich euch ein wenig über die Grundzutaten, die bei mir niemals nie fehlen dürfen.

Mein Kochstil ist
klassisch, jedoch nicht fad.
Gemütlich, aber nicht zu deftig.
Gesund, aber ohne Verzicht.
Modern und ohne viel Chichi.

HERAUS SPAZIERT

Schlappen an, es geht auf den Balkon! Umzingelt von meinen Lieblingskräutern und Zitronenbäumen sammle ich hier Ideen für neue Gerichte.

....

MEINE KRÄUTER

Auf meinem Balkon wachsen meine „Muss ich griffbereit haben"-Klassiker Petersilie, Schnittlauch, Thymian, Rosmarin, Basilikum (Nudeln ohne frisches Basilikum? Undenkbar.), Chilis und Salbei. Auch ohne Garten und großen Balkon kann man frische Kräuter ernten. Ein paar Töpfe auf der Fensterbank reichen da schon aus – und lohnenswert ist das bisschen Gärtnern allemal.

Noch bevor sie im Essen landen, versetzen mich die Pflanzen mit ihrem Geruch an die schönsten Orte. Statt im verregneten Köln, sitze ich plötzlich im Süden Frankreichs mit einem eiskalten Glas Weißwein in der Nachmittagssonne oder schmecke förmlich das kräuterige Muschelgericht in einem italienischen Küstenort.

MEINE ÖLE

Sesamöl, Kürbiskernöl, Sonnenblumenöl – alle toll, aber an mein geliebtes Olivenöl kommt so schnell nichts ran! Ein qualitativ hochwertiges, natives Olivenöl ist durch seinen intensiven Geschmack besonders in Dressings sehr ergiebig und schlägt sich auch in der Pfanne ausgezeichnet. Das habt ihr ganz richtig gelesen. Ich brate mit Olivenöl, auch wenn sich das ja eigentlich nicht gehört. Meine Gerichte verlangen meist nicht nach hoher Hitze und somit ist das Verwenden von Olivenöl so gut wie immer möglich. Sollte doch mal Fleisch in der Pfanne landen, achte ich darauf, dass das Öl langsam erhitzt, brate dann scharf an und regle die Temperatur wieder herunter. So brennt bei mir nichts an und wird auch nicht bitter.

MEINE GEWÜRZE

Ich liebe Salz! Meersalz, um spezifischer zu sein. In meiner Küche findet man davon unzählige Töpfchen und Päckchen aus den verschiedensten Ecken der Erde. Frischer Pfeffer darf aber natürlich auch nicht fehlen. Und hier und da eine Chiliflocke. Und Knoblauch. Und… okay, vieles. Aber Salz und Pfeffer gehören unangefochten an die Spitze.
Für mich dürfen gute Grundzutaten nicht durch übermäßiges Würzen übertüncht werden. Viel eher geht es mir darum, den natürlichen Geschmack zu unterstützen.

ALLES AUF EINEN BLICK

In diesen kleinen Schälchen und Häufchen steckt großer Geschmack, der sich kreuz und quer durch meine Rezepte zieht.

....

KRÄUTER, GEWÜRZE UND ÖLE

Diese Doppelseite zeigt all die leckeren Sachen, die die Basis und Würze meiner Rezepte bilden. Die meisten von ihnen habt ihr wahrscheinlich schon in euren Küchenschränken. Die anderen könnten mit jedem gekochten Rezept zur neuen „Muss ich dahaben"-Zutat werden.

Schwarzer Pfeffer für die Mühle

Ras el Hanout

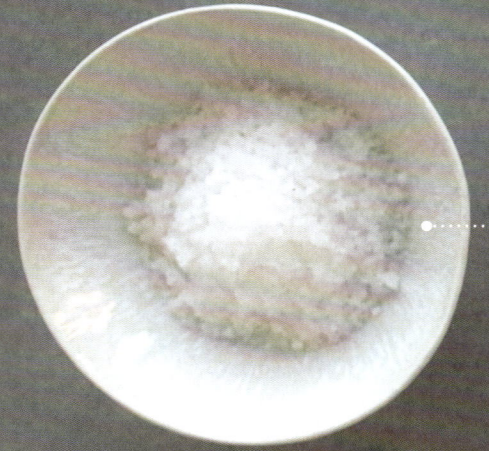

Meersalz

Getrocknete Tomaten

Café de Paris

*Eingelegte
Tomaten
ganz und
geschält*

*Getrocknete
Lorbeerblätter*

*Bio Apfelessig
naturtrüb*

*Grobes
Siedesalz
für die Mühle*

*Getrocknete
Chilis*

*Natives
Olivenöl*

*Roher, gehackter
Knoblauch mit
Öl und Chili*

Wieso Tomatensoße selbst machen, wenn es doch unzählige Varianten in den Supermärkten gibt? Weil's lecker ist und so viel wandelbarer!

TOMATEN
SOßE

....

Als Erstes die geschälte Zwiebel und die Fleischtomaten vierteln. Die Kräuter waschen und Blätter vom Stiel lösen. Knoblauch schälen und falls gewünscht die Chilischote grob hacken.

Den Boden einer kalten, großen Pfanne großzügig mit Olivenöl bedecken und alle Zutaten (außer einer Handvoll Petersilienblätter) hinzufügen. Jetzt erst den Herd auf die höchste Stufe stellen. Das Olivenöl soll vorher nicht heiß sein! Wir möchten alles zusammen erhitzen und für circa 2 Minuten scharf anbraten.

Anschließend auf mittlere Hitze herunterregeln und alles für circa 15 – 20 Minuten mit geschlossenem Pfannendeckel garen, bis die Zutaten richtig schön matschig sind.

Jetzt die Soße mit dem Pürierstab mixen, durch ein Sieb streichen, mit Salz und Pfeffer abschmecken und die restliche Petersilie hinzufügen.

1 Zwiebel
5 Fleischtomaten
0,5 Bund Petersilie
0,5 Bund Basilikum
2 Knoblauchzehen
1 Chili
Olivenöl zum Anbraten
2 Handvoll Cherrytomaten
1 Handvoll getrocknete Tomaten
Salz
Pfeffer

Kleiner Tipp:

....

Meine Tomatensoße essen wir am liebsten mit Scampi und Nudeln. Dazu die Scampi in einer Pfanne mit Olivenöl und ein paar Spritzern Zitronensaft circa 4 – 5 Minuten braten und mit Pfeffer und Salz abschmecken. Nudeln kochen und eine Kelle von dem Wasser in die Soße geben. Die gebratenen Scampi hinzufügen und mit den Nudeln servieren. Zum Schluss noch frisch geriebenen Parmesan und Kräuter darüber streuen und fertig!

GRÜNES PESTO

....

0,5 Bund Petersilie
0,5 Bund Basilikum
100 g Parmesan
25 g Pinienkerne
0,5 Zitrone (Saft)
1 Knoblauchzehe
0,5 TL ganze Pfefferkörner
1 Prise Meersalz
100 ml Olivenöl

Zunächst die Kräuter gründlich unter fließendem Wasser abwaschen.

Anschließend die Petersilien- und Basilikumblätter vom Stiel lösen und den Parmesan in grobe Stücke teilen.

Die Kräuter und der Parmesan wandern nun mit den Pinienkernen, dem Saft einer halben Zitrone, der geschälten Knoblauchzehe, den Gewürzen und ¾ des Olivenöls in den Multizerkleinerer oder in einen kleinen Standmixer. So lange mixen, bis ein cremiges Pesto entsteht.

Nach Belieben das restliche Öl hinzufügen und somit die gewünschte Cremigkeit erreichen.

Kleiner Tipp:

....

Das Pesto bleibt in einem luftdichten Glas mit einer Schicht Olivenöl bedeckt 3 – 5 Tage im Kühlschrank frisch.

*Zu Pasta, Brot,
Tomaten-Mozzarella-
Salat – you name it!*

Vielleicht ist es ein bisschen übertrieben, zu sagen, dass man selbst die beste Salatsoße macht. Aber hey, für mich ist sie wirklich die allerleckerste!

Dieses Dressing schafft es nicht nur auf Blattsalat, sondern landet bei mir auch gerne mal auf Nudeln, Linsen oder Couscous.

MICHIS WELTBESTE SALATSOßE

....

Die gewaschenen und vom Stiel gelösten Kräuter mit allen anderen Zutaten und Gewürzen in einen Multizerkleinerer oder Standmixer füllen.

Auf höchster Stufe circa 2 Minuten mixen, bis eine cremige Soße entsteht.

Die fertige Salatsoße nun entweder direkt über den Salat geben oder für später abgedeckt in den Kühlschrank stellen.

0,5 Bund Basilikum
0,5 Bund Petersilie
1,5 EL Olivenöl
1 EL Apfelessig
1,5 TL körniger Senf
1 große Prise Café de Paris
5 Walnüsse
1 EL Cashewdrink
1 Schuss Wasser
Meersalz
Pfeffer

Kleiner Tipp:
....

Café de Paris gibt es als fertige Mischung in fast allen Supermärkten oder online zu kaufen. Friséesalat ist in Kombi mit der nussigen Soße mein absoluter Favorit!

RÜBER REICHEN

–

GEMEINSAM GENIEßEN UND EINFACH NUR SEIN

ROSMARIN FETA
DIP VOM GRILL

....

400 g Feta
200 – 250 g Cherrytomaten
2 Knoblauchzehen
1 Zitrone (Saft und Schale)
4 EL Olivenöl
1 Zweig Rosmarin
40 g Pinienkerne
Meersalz
Pfeffer

Zunächst den Feta in eine ofenfeste Form legen und die Cherrytomaten drumherum verteilen.

Die geschälten Knoblauchzehen werden mit dem Messerrücken zerdrückt und ebenfalls in die Form gegeben.

0,5 TL Zitronenschale in ein separates Schüsselchen reiben und zwei Scheiben von der Zitrone abschneiden, bevor sie ausgepresst wird.

Den Saft der Zitrone gemeinsam mit dem Olivenöl und dem Abrieb über alles geben und die zwei Zitronenscheiben auf den Feta legen.

Nun den gewaschenen und vom Stiel gelösten Rosmarin, die Pinienkerne, Pfeffer und Meersalz hinzufügen und die Form für 20 Minuten auf den Grill stellen (circa 220 – 250 Grad).

Nachdem der Feta und die Tomaten schön weich geworden sind, alles grob miteinander vermengen und in einer Schüssel servieren.

CURRY
DIP

....

200 g Crème fraîche
1 – 2 TL gelbes Currypulver
1 Knoblauchzehe
5 EL Curry-Ketchup
Salz
Pfeffer

Crème fraîche in eine Schüssel geben und mit dem Currypulver so lange vermischen, bis keine Klümpchen mehr übrig sind.

Nun noch die Knoblauchzehe hineinpressen, den Ketchup hinzufügen und zu einem cremigen Dip verrühren.

Abschließend mit Salz und Pfeffer abschmecken und mit Brot, Gemüse oder Spaghetti essen.

ZITRONEN QUARK DIP

....

Zunächst den Abrieb einer Zitrone in einem Schälchen sammeln und dann die Zitrone in eine Schüssel pressen. Den Magerquark gemeinsam mit dem Joghurt zum Zitronensaft geben und verrühren, bis eine gleichmäßige Creme entsteht.

Ordentlich mit frisch gerebenem Pfeffer und Meersalz würzen und abschließend den gewaschenen Zitronenthymian von den Stängeln zupfen und mit dem Zitronen-Abrieb hinzufügen.

Alles vermischen und mit Brot oder Gemüse servieren.

1 Zitrone (Saft und Schale)
250 g Magerquark
2 EL Natur-Joghurt (3,5 %)
Meersalz
Pfeffer
6 – 7 Stängel Zitronenthymian

KRÄUTER BUTTER

....

Die gewaschenen Kräuter hacken und mit der weichen Knoblauchzehe, Salz und Pfeffer zur Butter geben.

0,5 TL Zitronenabrieb und einige Spritzer Zitronensaft hinzufügen und alle Zutaten mit einer Gabel gründlich vermengen.

Butter kaltstellen und zu Fleisch, Maiskolben oder Ciabatta servieren.

250 g weiche Butter
0,5 Bund Schnittlauch
0,5 Bund Petersilie
3 Zweige Thymian
1 gebackene Knoblauchzehe
(s. Seite 33)
0,5 Zitrone (Saft und Schale)
Salz
Pfeffer

Für den Fall, dass der Kühlschrank mal wieder mit gähnender Leere glänzt, kommt hier ein schneller Snack aus Zutaten, die sich sicher noch in den Schränken verstecken.

EASY SNACK
KICHERERBSEN

....

Die Kichererbsen abtropfen lassen und in eine Schüssel mit kaltem Wasser geben. Mit den Fingern nun die Schale der Kichererbsen abpellen, damit sie besser bekömmlich sind.

In einer Pfanne die gewaschenen und geschälten Kichererbsen mit etwas Olivenöl anbraten. Salz und Pfeffer hinzugeben und die Erbsen für circa 10 Minuten auf mittlerer Hitze richtig kross werden lassen.

2 Dosen Kichererbsen (à circa 265 g Abtropfgewicht)
Olivenöl zum Anbraten
Salz
Pfeffer

GEBACKENER
KNOBLAUCH

....

Den Backofen auf 180 Grad Umluft vorheizen, ein Blech mit Backpapier auslegen und bereitstellen.

Den Deckel der ungeschälten, frischen Knoblauchknolle so abschneiden, dass die einzelnen Zehen zu sehen sind. Die Knolle nun für 15 Minuten mit der offenen Seite nach oben im Ofen backen, herausnehmen und abkühlen lassen.

Nun heißt es: Weiterverarbeiten! Zum Beispiel in Kräuterbutter *(s. Seite 31)*, Dips oder einfach ein Toast mit einer der weichen Zehen bestreichen.

1 frische Knoblauchknolle

ES
MUSS
NICHT
IMMER
IMMER
AUSGEFALLEN
SEIN
–

GUT
REICHT
UNS DOCH

03
TASTES
LIKE
LOVE

VON CUPCAKES, SENF & GLÜHWEIN

Wir sind wie Topf und Deckel. Gut, vielleicht sitzt der Deckel nicht immer ganz perfekt. Vielleicht gehörte er auch nie wirklich auf den Topf, aber er passt. Und bleibt genau dort, wo er ist.

....

DAS KENNENLERNEN

Vor meiner Selbstständigkeit arbeitete ich als Angestellte in einem Schuhladen und verbrachte meine knappen Mittagspausen am liebsten mit Kaffee, Freundinnen, Quatschen und neugierigen Blicken ins Café gegenüber. Eines Tages gefiel mir das, was – oder besser gesagt wen – ich dort sah, ganz besonders gut. Süß, wie er dort saß und irgendwas am Laptop arbeitete. Wie leicht es gewesen wäre, einfach die paar Schritte auf die andere Straßenseite zu gehen und ihn anzusprechen. Aber nein. Ich war mir sicher: Der steht eh nicht auf mich.

Knapp daneben, liebe Michi. Und ob ich Interesse hatte. Ich wusste nur nicht, dass es dich gibt. Noch nicht.

Es stellte sich heraus, dass mein Cupcake essender Schwarm und ich teilweise den gleichen Freundeskreis hatten. So kam eins zum anderen, bis wir schließlich gnadenlos verkuppelt gemeinsam an der Kasse eines Großmarktes standen, um die Einkäufe fürs Gruppendate am Abend zu bezahlen. Ich, leicht nervös.

Ich, todesgenervt. Auf leeren Magen einkaufen zu gehen, mag für manche Leute in überfüllten Einkaufswagen enden. Bei mir führt es einfach zu unglaublich schlechter Laune. Das ganze Zeugs auf dem Kassenband musste ja auch noch zubereitet werden. Und das Mädchen wollte ich ganz nebenbei auch noch für mich gewinnen. Purer Horror, den ich zu verstecken versuchte, um sie nicht abzuschrecken.

Sehr schlecht versteckt, Babes. Mit diesem Nervenbündel an meiner Seite hatte ich schon keine Lust mehr auf das Date. Super stranger Typ und das ausgesuchte Gericht war auch nicht so meins.

Roastbeef mit Senfkruste. Unglaublich lecker!

Während ich so elegant, wie nur irgendwie möglich, die Eier für die Kruste schlug, bekam ich einen ersten Vorgeschmack auf das, was mich in den nächsten Jahren erwarten würde: Neckende Sprüche, liebevolle Blicke und ganz viel Geduld mit mir.

Um das nochmal zu betonen: Ich hatte Hunger. Wirklich sehr großen Hunger. Zu der Zeit ernährte ich mich Kohlenhydrate-arm und hatte ein dementsprechend dünnes Nervenkostüm. Aber irgendwie schaffte Michi es, dass ich am liebsten noch stundenlang mit ihr das Essen für unsere wartenden Gäste zubereitet hätte. Diese Frau musste etwas ganz Besonderes sein. Spätestens beim heimlichen Kuss auf der Couch, als die anderen um uns herum schon weggedöst waren, stand meine Entscheidung fest: Das ist meine Freundin, Partnerin in Crime und Best Buddy.

Ganz ruhig. Zusammen waren wir da noch lange nicht. Ich glaubte nicht mal daran, dass er sich nach dem Abend nochmal melden würde.

Tat ich aber.

So wirklich passten wir nämlich nicht zusammen. Klar, bei mir kribbelte es zwar, doch eingestehen konnte ich es mir noch nicht. Dazu brauchte ich ein paar Tage und um die elf Glühwein auf dem Weihnachtsmarkt.

Zugegebenermaßen war ich schon ein wenig verwundert über den „Können meine beste Freundin Mary und ich heute Nacht in deiner Wohnung schlafen?"-Anruf, freute mich jedoch, sie wiederzusehen. Auch wenn Michi am nächsten Morgen vom Kater geplagt versuchte, sich unbemerkt mit ihrer Freundin wieder aus der Wohnung zu schleichen.

So sehr mir der Kopf dröhnte und ich mich zusammen mit Mary verschämt schnellstmöglich aus der klassisch improvisierten Studentenwohnung verkrümeln wollte, so sehr genoss ich doch jeden Moment mit diesem Kerl. Kater hin oder her.

DAS ERSTE RICHTIGE DATE

Für Mark stand nach dem ersten Kuss schon fest, dass wir ein Paar waren. Meiner Meinung nach waren wir füreinander nicht viel mehr als ein One-Night-Stand. Was davon nun wirklich zutraf, wollten wir bei unserem ersten offiziellen Date zu zweit herausfinden. Mark kochte wieder für mich. Ein Mann, der kocht! (Dachte ich zu dem Zeitpunkt zumindest noch…) Ich freute mich insgeheim schon auf all die hypothetischen Gerichte, die mich erwarten würden, wenn aus uns doch mehr werden würde. An dem Abend stand gefüllte Paprika auf dem Menüplan.

Das war eines der Rezepte, die sich mit meiner keine-Kohlenhydrate-Diät vereinbaren ließ und mehrmals die Woche auf meinem Teller landete. Mein komplettes Koch-Repertoire war mit Roastbeef (was sie nicht mochte) und Paprika somit ausgeschöpft. Das wusste Michi bloß noch nicht.

Es schmeckte unglaublich gut! Mit Paprika und ein paar Gläsern Wein im Bauch hatte ich zwar noch keine Ahnung, was da auf uns zukommen würde, doch ich war bereit, es herauszufinden.

GEMEINSAM ETWAS WAGEN

Die Kohlenhydrate brachte ich mit jedem meiner Rezepte – die waren Babes ja leider schnell ausgegangen – zurück in unser Leben. Diätplan? Ab jetzt gab es den Michi-Ernährungscoach! Und das ein oder andere Abenteuer obendrauf: Nach nur neun Monaten Beziehung wagten wir gemeinsam den Weg in die Selbstständigkeit.

Vielleicht habe ich da ein bisschen geschubst. Aber ganz liebevoll!

Jedenfalls brauchten wir all unsere Rücklagen – oder eher gesagt, die vorgestreckte finanzielle Unterstützung meiner Familie – um meinen Traum vom eigenen Schuhladen zu verwirklichen. Um Geld zu sparen, lebten wir die nächsten 1,5 Jahre in meinem alten Kinderzimmer, verbrachten jede freie Minute auf der Ladenlokal-Baustelle und kochten selbst, statt auszugehen. Nudeln mit Ei in den allermeisten Fällen. Das ging schnell, war günstig, vielseitiger als man denkt und vor allem eins: lecker.

Ich glaube, in den Monaten bin ich den Nudeln verfallen. Während der Zwangs-Nudel-Ernährung schaffte es Michi mit jeder neuen Packung Spaghetti, Fusilli und Penne, uns ein komplett neues Gericht zu zaubern. Mit nur wenigen Zutaten kombinierte sie so lecker und abwechslungsreich, dass es nie langweilig wurde und mir teils nicht einmal auffiel, wenn wir zum siebten Mal in der Woche Nudeln aßen. Noch heute erinnern mich Nudelgerichte an diese verrückte Zeit. Als es nur mich, Michi und unser erstes gemeinsames Projekt gab.

Ja, so geht es mir tatsächlich auch. Wenn Mark sich heute ein Essen von mir wünschen darf, sind es meist nicht die Eiernudeln von damals, sondern ihre weiterentwickelte Variante Avo Pasta.

ZEIT ZU ZWEIT

Einerseits verbringen wir 24/7 miteinander, andererseits sehen wir uns häufig erst am Abend beim Essen so richtig. Als Paar, nicht als Geschäftspartner. Richtige Auszeiten zu zweit gibt es kaum.

Zu zweit sowieso nicht.

Richtig, ohne unsere Hunde machen wir schon mal gar nichts! Wir genießen es, abends zusammen auf der Couch zu sitzen und die Welt draußen zu lassen. Wenn wir ganz bewusste Paarzeit haben wollen, bekocht mich Mark wie bei unserem ersten Date und wir schauen Folge um Folge, bis wir gemeinsam mit den Fellnasen auf der Couch einschlafen.

WENN
DAS
LEBEN
DIR
PAPRIKA
SCHENKT
—
FÜLL
SIE

GEFÜLLTE PAPRIKA

....

Für 4 Portionen

4 rote Paprika
3 Möhren
1 Zucchini
1 Stange Sellerie
1 Zwiebel
Olivenöl zum Anbraten
Salz
Pfeffer
2 EL Tomatenmark
400 g gemischtes Hackfleisch
(50/50 Schwein und Rind)
400 g Dosentomaten in Stücken
200 g Feta
1 Handvoll Walnüsse
150 g Gratinkäse

Den Backofen auf 200 Grad vorheizen.

Alle Paprika waschen, köpfen, entkernen und den Deckel für später aufbewahren. Möhren schälen und mit der Zucchini und dem Sellerie in kleine Scheiben schneiden.

Die Zwiebel würfeln und in einer Pfanne mit Olivenöl glasig werden lassen. Nun das geschnittene Gemüse in die Pfanne geben. Salzen, pfeffern, mit dem Tomatenmark verrühren und alles für 10 Minuten auf mittlerer Hitze anbraten.

Das Hackfleisch schließlich zum Gemüse geben und unter Rühren weitere 10 Minuten braten. Dosentomaten hinzufügen, gut vermischen und kurz aufblubbern lassen.

Abschließend die Hälfte des Fetas aus der Packung nehmen und über den Inhalt der Pfanne bröseln.

Nun geht's an die Paprika: Den Rest des Fetas gemeinsam mit den gehackten Walnüssen in die Paprika geben, sodass deren Boden bedeckt ist.

Alle Paprika mit dem Hackfleisch-Gemisch auffüllen. Sollte noch etwas übrig sein, einfach außerhalb der Paprika in die Auflaufform geben.

Die Paprika-Deckel vom Stiel befreien und an ihren ursprünglichen Platz setzen. Zu guter Letzt mit dem Gratinkäse bestreuen und alles für 20 – 25 Minuten im Backofen garen, bis der Käse schön braun ist.

In einem tiefen Teller anrichten und am allerbesten mit einem leckeren Rotwein servieren.

Kleiner Tipp:
....

Schmeckt und klappt auch super mit Spitzpaprika! Die sind ein bisschen süßer und wenn man sie längs aufschneidet, bieten sie Käse-Liebhabern extra viel Fläche zum Überbacken.

Dieses Gericht ist das einzige, das Mark für uns kocht. Zum Glück schmeckt es super lecker!

NUDELN
MIT EI

....

Für 2 Portionen

Nudeln nach Anleitung al dente kochen.

Während das Nudelwasser seine Arbeit verrichtet, eine Pfanne mit einem Schuss Olivenöl erhitzen und eine Prise Chiliflocken hinzugeben. Achtung: Hustenreiz!

Fertige Nudeln abschütten, ordentlich abtropfen lassen und ebenfalls in die Pfanne geben. Kurz anbraten und den Herd auf eine kleine Stufe stellen.

Nun die Eier zu den Nudeln in die Pfanne schlagen und mit einem Holzlöffel circa 5 Minuten unterheben, bis die Eier stocken. Alles ordentlich salzen und pfeffern.

Die Eiernudeln in einem tiefen Teller servieren und mit ein paar Spritzern Flüssigwürze und/oder Tomatenketchup anrichten.

250 g Lieblingsnudeln
(Bei uns werden es meistens Farfalle oder Penne)
Olivenöl zum Anbraten
Chiliflocken
3 Eier (Größe M)
Salz
Pfeffer
Flüssigwürze
Tomatenketchup

Kleiner Tipp:
....
Wer aus super simpel, super simpel mit Käse machen will, rührt noch ein bisschen geriebenen Käse zusammen mit den Eiern unter die Nudeln.

AVO PASTA

....

Für 2 Portionen

250 g Fusilli
1 Avocado
1 Knoblauchzehe
0,5 Bund Petersilie
5 EL Olivenöl
1 Zitrone (Saft)
0,5 TL Chiliflocken
Salz
Pfeffer
1 Handvoll Pinienkerne
Parmesan

Zunächst die Fusilli nach Anleitung al dente kochen und währenddessen die Soße zubereiten.

Dafür die reife Avocado (falls klein, gerne zwei verwenden) gemeinsam mit Knoblauch, Petersilie (gewaschen und gezupft), Olivenöl, Saft einer halben Zitrone, Chiliflocken, Salz und Pfeffer in einen Multizerkleinerer geben und sehr fein mixen. Alternativ kann hierfür auch ein Standmixer benutzt werden. Hauptsache, das Ergebnis ist richtig schön cremig! Nach Belieben noch den Saft der zweiten Zitronenhälfte hineinpressen und erneut abschmecken.

Pinienkerne ohne Öl in einer beschichteten Pfanne unter ständigem Rütteln rösten und anschließend fürs Servieren bereitstellen.

Fusilli nach dem Kochen abgießen und zurück in den Topf geben. Avocado-Creme darüber geben, gut durchmengen und anrichten.

Mit den Pinienkernen und frisch geriebenem Parmesan servieren.

Kleiner Tipp:
....

Die Avo Pasta schmeckt uns mit einem Tomatensalat mit Pesto (s. Seite 24) als Beilage besonders gut.

Cremig, zitronig und nach einem stressigen Arbeitstag genau das, worauf Babes und ich uns freuen. Neben ganz viel Kuschelzeit mit den Hunden natürlich!

04
TASTES
LIKE
PASSION

ZEIT, MUTIG ZU SEIN

Den Schritt in die Selbstständigkeit zu wagen, traute ich mir nie so recht zu. Ich wollte es schon irgendwie sein, aber das Ungewisse war mir zu riskant. Bis Mark mich in mein Glück schubste – ganz liebevoll.

....

WAS WILL ICH MIT MEINEM LEBEN ANFANGEN?

Das ist eine sehr gute Frage, die ich mir stellte, während ich neben der Schule nachts in der Disko stand und Getränke mixte oder tagsüber in der Firma meines Papas aushalf. Vielleicht was mit Styling? Mode? Make-up? Eventuell eine Ausbildung oder doch ein Studium nach dem Abschluss? Ich war mega unentschlossen und wartete noch auf die Eingebung, als eine Bekannte mir einen Aushilfsjob in einem Schuhladen anbot. Naja, wieso nicht ein geregeltes Einkommen verbuchen, während ich herausfand, was ich wirklich mit meinem Leben anfangen wollte?
Es dauerte 12 Jahre, doch dann begann mir endlich zu dämmern, wie mein Weg aussehen sollte.

DA GAB ES ETWAS, DAS ICH TUN WOLLTE

Nach einem sehr auslaugenden Arbeitstag erinnerte mich Mark daran, dass ich nicht länger warten musste, um meine eigenen Träume umzusetzen. Ich wollte mir selbst und vor allem der kleinen Michi in mir, die sich bei jeder Gelegenheit Schuhe gewünscht hatte und zur Verzweiflung ihrer Eltern immer zielstrebig die schönsten und gleichzeitig teuersten ausgesucht hatte, endlich zuhören und mein eigenes Ding durchziehen.
Aber es war so riskant! Ich war mir einfach nicht sicher, ob ich den Mut aufbringen würde, meine Bedenken über Bord zu werfen und mich mit meinem eigenen Schuhladen selbstständig zu machen. Bis ich eines Tages mit meinem Papa und Mark in einem leerstehenden, eingestaubten Ladenlokal in der Lindenstraße stand. Die Fläche hatte sehr viel Potenzial, aber schrie auch nach jeder Menge Arbeit.

Zum Glück waren die zwei Männer an meiner Seite Feuer und Flamme für das Projekt und halfen mir, meine Traumvision zu verwirklichen.

KEINE RÜCKLAGEN, GROßE ZIELE

Der Plan klang sehr einleuchtend: Laden sehen, kaufen, renovieren und leiten. Doch wie genau wollte ich das finanzieren? Meine Rücklagen grenzten an den roten Bereich und auch Mark hätte mir als Student nichts vorstrecken können. Aus Sparmaßnahmen lebten Mark und ich nicht nur bei meinen Eltern, sondern sie gaben mir auch das Startkapital für den Umbau und die Erstausstattung des Geschäftes. Dafür kann ich nicht dankbar genug sein! In dem Moment, als ich das Geld annahm, war für mich klar, dass ich es schnellstmöglich zurückzahlen würde. Egal, wie klein die Raten auch in den ersten Monaten – okay, Jahren – sein würden.
Nach Feierabend und an seinen freien Tagen riss mein Papa gemeinsam mit Mark Wände ein, verputzte, strich, brachte Regale an und sorgte dafür, dass ich nach sechs Monaten in meinem eigenen Laden umzingelt von den schönsten Schuhmodellen stehen konnte.

UND JETZT?

Das Gröbste war nach der Eröffnung geschafft. So dachte ich zumindest für den Bruchteil eines Momentes. Denn auch wenn das Geschäft ganz gut anlief und Mark und ich schließlich in unsere erste gemeinsame Wohnung zogen, war alles sehr knapp kalkuliert.
Unserer Unabhängigkeit zuliebe, die wir mit dem Einzug in unser Zuhause erhalten hatten, nahmen wir in Kauf, dass

uns wegen unbezahlter Rechnungen der Strom abgestellt wurde. Gegessen wurde in den Wochen bis zum nächsten Geldfluss im Büro, denn da funktionierte wenigstens die mobile Herdplatte und lieferte uns verlässlich ein „Wird schon"-Abendessen. Wir lebten in dieser Zeit – und auch nachdem wir uns die Stromrechnung wieder leisten konnten – hauptsächlich von Nudeln. Das war Teil des Plans, um unser nächstes Ziel zu erreichen: Ab der zweiten Saison im Laden wollten wir komplett unabhängig sein. Kein Geld mehr von außen, keine Schulden machen, clever refinanzieren. Dieser Plan war nicht sehr glamourös, laugte uns als Business Partner und Liebespaar sehr aus, aber schenkte uns auch den Glauben daran, dass wir es schaffen konnten.

GEMEINSAM WACHSEN

Ab dem ersten Tag in meinem eigenen Schuhladen, verliebte ich mich in meine neue Rolle als Chefin – auch noch ganz ohne Team. So sollte es bleiben. Selbstständig, selbstbestimmt, selbstbewusst. Auch wenn Sorgen mein stetiger Begleiter waren und auch heute noch sind – was ganz normal ist, uns aber niemals aufhalten darf! – lohnt es sich, trotz oder gerade wegen ihnen weiterzumachen und zu lernen, sie in Stärken umzuwandeln.
Babes und ich setzten uns ab der ersten gemeisterten Saison neue Herausforderungen, die uns privat sowie beruflich wachsen lassen würden. Wir lernten, dass Buchhaltung nicht mal eben so nebenbei gemacht werden kann, übten uns darin, ein streng ausgewähltes Sortiment zu bestellen und nahmen Hilfe an, wo wir selbst nicht weiterwussten.

HERAUSFORDERUNG SOCIAL MEDIA

Nach und nach wuchs mein Instagram-Account über reinen Schuhcontent hinaus und ich befand mich plötzlich in einer für mich völlig neuen Welt. Ich war nun umgeben von Marken, Veranstaltungen und Chancen, die ich mir nicht entgehen lassen wollte, aber die noch außerhalb

des Möglichen lagen. Es war zwar kein Muss, die neusten Trend-Kollektionen zu besitzen, um mich in diesem Kreis zu bewegen, doch ich liebte Mode schon immer und wollte mir nach all den Risiken und Hürden der ersten Jahre als Selbstständige auch etwas gönnen. Also arbeitete ich dafür, dies auch bald tun zu können. Für die folgenden Jahre bedeutete das: Im bestehenden Laden organisch wachsen und breit aufstellen (die Gründung unserer Social-Agentur war zwar ein gewagter, aber gut durchdachter Schritt) und das Potenzial meiner Social-Media-Reichweite nutzen. Bis ich nicht mehr nur meine Traumschuhe verkaufte, sondern sie auch in meinem Schrank neben den Kleidungsstücken, die ich schon lange auf der Wunschliste hatte, bestaunen konnte.

KRAFT TANKEN

Wenn man über Jahre hinweg mit so vielen Herausforderungen und ständigen Veränderungen konfrontiert ist, ist es wichtig, an dem festzuhalten, was inneren Halt schenkt. In meinem Fall sind das ganz eindeutig meine geliebten Hunde Cookie und Hazel, Mark und gutes Essen nach einem Tag auf den Beinen.
Die Nudeln, die Babes und mir in den finanziell kritischen Jahren fast täglich auf den Teller kamen, sind auch heute noch mein Go-to-Gericht. Ich kann sie so variieren, wie ich mich in der Situation fühle. Gemüse-Lasagne für Tage, die nach einer extra Portion Gemütlichkeit verlangen. Spaghetti Vongole, wenn der letzte Italien-Urlaub einfach zu lange her ist. Feta Pasta, wenn es einfach lecker sein soll und ich Mark ein großes Lächeln ins Gesicht zaubern möchte.

FETA
PASTA

....

Für 2 Portionen

200 g Feta
500 – 600 g Cherrytomaten
2 Knoblauchzehen
1 Chili
4 EL Olivenöl
Salz
Pfeffer
250 g Spaghetti
Frisches Basilikum

Zunächst den Backofen auf 180 Grad Umluft vorheizen.

Das Stück Feta mittig in eine Auflaufform legen und die Cherrytomaten rundherum verteilen.

Nun die Knoblauchzehen klein hacken und über dem Feta verteilen. Wer es scharf mag: Chilischote zerkleinern und ebenfalls hinzugeben.

Nun noch salzen, pfeffern, mit Olivenöl beträufeln und anschließend für 15 Minuten im vorgeheizten Backofen backen.

Jetzt ist es Zeit, die Spaghetti nach Packungsanleitung al dente zu kochen.

Nach der Backzeit werden der Feta und die weichen Tomaten mit einem großen Holzlöffel vermengt, bis eine cremige Soße entsteht.

Die Nudeln nach dem Abschütten direkt unter die Feta-Soße heben, auf tiefen Tellern verteilen und mit ein paar Blättchen Basilikum servieren.

Kleiner Tipp:
....
Wer mag, kann auch Porree oder Zwiebeln mit in die Auflaufform geben.

Ich bin nicht
die Erste, die dieses
blitzschnelle Rezept für
sich entdeckt hat.
Meine Go-to-Version
gelingt garantiert immer!

Dieser italienische Klassiker verwandelt jeden grauen Tag in pure Dolce Vita. Und ist viel leichter zubereitet, als man vermuten würde.

SPAGHETTI VONGOLE

....

Für 2 Portionen

VENUSMUSCHELN WASCHEN

Zunächst beschädigte Muscheln entsorgen und leicht geöffnete Muscheln mit einem Klopfen auf die Schale testen. Schließen sie sich durch die Erschütterung nicht von selbst, müssen diese Muscheln ebenfalls aussortiert werden.
Nun eine große Schüssel mit kaltem Salzwasser (circa 50 g Salz auf 2 Liter Wasser) füllen und die Vongole hineingeben. Venusmuscheln, die oben schwimmen, ebenfalls entsorgen. Nach circa einer Stunde im Salzwasser haben die Muscheln Sand und sonstige Schmutzpartikel „ausgespuckt". Jetzt können die Muscheln vorsichtig aus dem Wasser genommen werden, sodass der abgelagerte Sand nicht aufgewühlt wird. Abschließend unter fließendem Wasser kalt abspülen und kurz zur Seite stellen.

KOCHEN

Die Spaghetti al dente kochen und währenddessen die Soße zubereiten.

Für die Vongole-Soße wird der Boden einer Pfanne großzügig mit Olivenöl bedeckt. Zwiebel, Knoblauch und Chili(s) fein würfeln und mit dem Großteil der gezupften Petersilie sowie 2 Zitronenscheiben anschwitzen. Anschließend mit Salz und Pfeffer würzen und mit Zitronensaft ablöschen.

Laufend rühren und nach 5 Minuten die Cherrytomaten im Ganzen gemeinsam mit den Venusmuscheln in die Pfanne geben. Sobald sich alle Muscheln nach circa 5 Minuten geöffnet haben, den Weißwein hinzufügen, die restliche Petersilie darüber streuen und nochmals 5 Minuten köcheln lassen. Muscheln, die sich nicht geöffnet haben, unbedingt aussortieren!

Die inzwischen fertigen Nudeln abschütten und zurück in den Topf geben. Die Hälfte der Soße über die Nudeln geben, gut miteinander vermengen und auf tiefen Tellern anrichten. Noch eine Kelle Vongole-Soße über den Portionen verteilen und genießen.

Kleiner Tipp:
....
Sollten frische Venusmuscheln nicht zu kriegen sein, schmeckt die Soße auch mit anderen Meeresfrüchten!

500 g frische Vongole *(Venusmuscheln)*

Wasser und Salz (zum Waschen)

250 g Spaghetti

Olivenöl zum Anbraten

1 Roscoff-Zwiebel

3 Knoblauchzehen

1 – 2 Mini-Chili(s)

1 Bund Petersilie

1 Amalfi Zitrone (Scheiben und Saft)

Salz

Pfeffer

2 Handvoll Cherrytomaten

200 ml trockener Weißwein

VIELE
KLEINE
DINGE
FÜR
VIEL
MEHR
GROßE
MOMENTE
MIT
HERZENS
MENSCHEN

GEMÜSE LASAGNE

....

Für 4 Portionen

2 Möhren
1 Bund Petersilie
200 g getrocknete Tomaten
10 Cherrytomaten
Olivenöl zum Anbraten
3 Fleischtomaten
2 Knoblauchzehen
1 Zwiebel
500 g passierte Tomaten
20 ml Wasser
2 runde Zucchini
1 Aubergine
2 EL Tomatenmark
1 kleine getrocknete Chili
Salz
Pfeffer
500 g Lasagneplatten
(Ich nutze am liebsten
Dinkel-Lasagneplatten)
100 ml Hafer-Cuisine
200 g Gratinkäse

Den Backofen auf 200 Grad Umluft vorheizen.

Für die Soße zunächst die Möhren raspeln, die Petersilie vom Stängel zupfen und beides gemeinsam mit den getrockneten Tomaten und den Cherrytomaten in einer Pfanne mit Olivenöl anbraten. Fleischtomaten in grobe Stücke schneiden und mit dem Knoblauch und der geviertelten Zwiebel ebenfalls in die Pfanne geben.

Sobald das Gemüse bissfest gebraten ist, die passierten Tomaten und Wasser hinzugeben. Die Soße nun für 10 Minuten auf mittlerer Hitze köcheln lassen.

Nun ist ausreichend Zeit, um die Schichten vorzubereiten. Dazu die Zucchini und die Aubergine in circa 5 mm dicke Scheiben schneiden und für gleich bereitlegen.

Die Soße nun noch mit Tomatenmark, Chili, Salz und Pfeffer abschmecken und weitere 2 Minuten köcheln lassen. Anschließend alles pürieren – es dürfen ruhig kleine Stückchen zurückbleiben.

JETZT WIRD GESCHICHTET
In einer Auflaufform (mindestens 20 x 30 cm) eine dünne Schicht Soße verteilen.

In dieser Reihenfolge schichten: Lasagneplatten, Gemüsescheiben, Soße, 2 EL Hafer-Cuisine. So oft wiederholen, bis die Form komplett gefüllt ist. Mit einer Schicht Gratinkäse und dem Rest Hafer-Cuisine abschließen.

Die Auflaufform wandert nun mit Alufolie bedeckt für 45 Minuten in den Ofen. Ab und an mit einer Gabel testen, ob die Nudelplatten garen. Sollte zu wenig Flüssigkeit vorhanden sein, einfach etwas Wasser am Rand in die Form geben. Nach Ablauf der Zeit nun die Abdeckung von der Form nehmen und für weitere 10 Minuten knusprig werden lassen.

Kleiner Tipp:
....

Statt Zucchini und Aubergine können natürlich auch andere Gemüsesorten
verwendet werden. Zum Beispiel Kürbis oder Blattspinat.

*Das perfekte Gericht
für einen gemütlichen
Abend mit Freunden.*

*Schnaps und Nudeln?
Klingt nach einer
mega guten Idee!
Und schmeckt auch
noch super lecker.*

PASTA
MIT SCHUSS

....

Für 2 Portionen

Einen Topf mit Salzwasser aufsetzen und die Fusilli nach Packungsanleitung al dente kochen.

Die Zwiebel währenddessen schälen und in kleine Würfel hacken. Die Knoblauchzehen zerdrücken. Die Spitzpaprika und Tomaten waschen und in Stücke schneiden.

Einen guten Schuss Olivenöl in eine Pfanne geben und die Zwiebelwürfel sowie den Knoblauch dazugeben. Mit Oregano, einer großzügigen Prise Salz und beiden Pfeffersorten würzen und zusammen erhitzen.

Sobald die Zwiebeln glasig sind, die Cherrytomaten samt Butter ebenfalls in die Pfanne geben und auf mittlerer Hitze brutzeln lassen. Nach circa 5 Minuten die Paprika weitere 8 Minuten mitbraten.

Mit einem Pürierstab alles direkt in der Pfanne in eine cremige Soße verwandeln. Kokosmilch und Wodka hinzufügen, aufkochen lassen und weitere 5 Minuten köcheln.

Die mittlerweile fertig gekochten Fusilli in die Soße geben und unterrühren.

Beschwipste Nudeln auf tiefen Tellern anrichten und mit gehobeltem Parmesan und frischen Basilikumblättern garnieren.

250 g Fusilli
1 Roscoff-Zwiebel
4 Knoblauchzehen
(gebacken, s. Seite 33)
1 Spitzpaprika
500 g bunte Cherrytomaten
Olivenöl zum Anbraten
2 TL Oregano (gerebelt)
1 TL Cayennepfeffer
1 TL Schwarzer Pfeffer
Salz
1 EL Butter
100 ml Kokosmilch
2 cl Wodka
Parmesan
Frisches Basilikum

Kleiner Tipp:

....

Für Kinder lässt sich der Schuss Wodka ganz einfach durch fruchtigen Cranberry-Saft ersetzen.

Im Sommer bringt der Grill volle Leistung und zaubert mir sogar leckere Soße für meine Linguine.

LINGUINE MIT GARNELEN VOM GRILL

....

Für 2 Portionen

Die ungeschälten, entdarmten Riesengarnelen in eine Schüssel füllen und in Olivenöl und Cayennepfeffer für circa 30 Minuten im Kühlschrank marinieren.

Die Tomaten waschen, in Stücke schneiden und in eine Backform füllen. Die Butter in Flocken über den Tomaten verteilen, Knoblauch schälen, grob hacken und ebenfalls hinzufügen.

Gewaschene Petersilie hacken und fast komplett zu den Tomaten geben. Ein bisschen von der Petersilie fürs Garnieren aufheben!

Chilischote in feine Ringe schneiden, bevor sie zusammen mit Salz und Pfeffer in die Backform wandert.

Nun kommen die Garnelen bei 220 – 250 Grad auf den Grill. Falls es mehrere Ebenen gibt, am besten auf das obere Rost legen und die Backform mit den Tomaten darunter platzieren. So geht kein leckerer Bratensaft verloren! Alles für 20 Minuten brutzeln und die Riesengarnelen zwischendurch wenden.

Währenddessen die Linguine nach Packungsanleitung al dente kochen.

Nach der Garzeit werden die Garnelen in den Tomatensud gegeben und dürfen nochmal zusammen für 5 Minuten auf dem Grill köcheln. In einer großen Schüssel die Linguine mit einer kleinen Kelle Nudelwasser und einem Schuss Olivenöl gemeinsam mit der Garnelen-Tomaten-Mischung verrühren.

Mit dem Rest der gezupften Petersilie in tiefen Tellern servieren.

10 frische Riesengarnelen mit Schale

3 EL Olivenöl

1 gehäufter TL Cayennepfeffer

12 Cherrytomaten

1 Ochsenherztomate

65 g Butter

3 Knoblauchzehen

1 Bund Petersilie

1 Chili

Meersalz

Pfeffer

250 g frische Linguine

Kleiner Tipp:

....

Solltest du keinen Grill haben, kannst du die Riesengarnelen und Tomaten auch im Backofen bei 200 Grad Umluft zubereiten.

GNOCCHI IN TOMATENSOßE

10 getrocknete Tomaten
0,5 Bund Petersilie
0,25 Bund Basilikum
1 Knoblauchzehe
1 Zwiebel
Olivenöl zum Anbraten
3 Fleischtomaten
300 g passierte Tomaten
300 g Gnocchi
Parmesan

Die getrockneten Tomaten, die gewaschenen Kräuter, die geschälte Knoblauchzehe und Zwiebel in einem Multizerkleinerer oder Standmixer zur Paste verarbeiten.

Olivenöl in einer Pfanne erhitzen und die Paste anbrutzeln.

Nun die frischen Tomaten waschen, in Würfel schneiden und gemeinsam mit den passierten Tomaten ebenfalls in die Pfanne geben. Alles einige Minuten auf mittlerer Hitze köcheln lassen.

Währenddessen die Gnocchi nach Packungsanleitung kochen und anschließend abschütten und in die Pfanne zur Soße geben. Nun für 2 Minuten auf niedriger Hitze alles vorsichtig vermischen und darauf achten, dass die Gnocchi nicht zerfallen.

Alles auf tiefen Tellern verteilen und mit einer ordentlichen Portion frisch geriebenem Parmesan garnieren.

Kleiner Tipp:

....

Um die Gnocchi zu überbacken, alles in eine Backform geben und mit Gratinkäse bestreuen. Abschließend bei 200 Grad Umluft 10 Minuten backen.

*Zwar keine Nudel,
aber genauso lecker!
Perfekt für kalte Tage
und hilft garantiert
gegen schlechte Laune.*

Diese Spaghetti garantieren für ein zufriedenes Teller-Ablecken!

TRÜFFEL
SPAGHETTI

....

Für 2 Portionen

Spaghetti nach Packungsanleitung kochen.

Währenddessen eine Pfanne mit der Trüffelbutter, einer großzügigen Prise Meersalz und frisch gemahlenem Pfeffer erhitzen.

Eine halbe Kelle Nudelwasser in die Pfanne geben und schön schwenken.

Nun die gekochten Spaghetti zur Trüffelbutter geben und alles ordentlich miteinander vermischen, sodass die Nudeln komplett bedeckt sind.

Eine Portion in der Pfanne mit der Gabel aufdrehen und in tiefen Tellern anrichten.

Vor dem Servieren frischen Trüffel auf die Spaghetti hobeln (je mehr, desto intensiver der Geschmack) oder mit ein paar Spritzern Trüffelöl beträufeln. Noch etwas Parmesan drauf und schon sind wir fertig!

250 g Spaghetti
3 gehäufte EL Trüffelbutter
Meersalz
Pfeffer
1 Trüffel oder Trüffelöl
Parmesan

Kleiner Tipp:

....

Für den ultimativen Trüffel-Moment können auch frische Trüffel-Tortellini statt Spaghetti in diesem Rezept verwendet werden.

CHEERS

—

AUF MUTIGE SCHRITTE, FANTASTISCHE IDEEN UND VERTRAUTE MOMENTE MIT DIR

CREMIGE TORTELLINI

....

Für 4 Portionen

500 g gefüllte Tortellini
(Ich nehme gerne Tomate-
Basilikum und Spinat gemischt)
3 Knoblauchzehen
0,5 frische Chili
1 gehäufter EL Butter
1 TL Tomatenmark
4 Handvoll Cherrytomaten
50 ml Weißwein
Salz
Pfeffer
250 ml Hafer-Cuisine
0,5 Bund Basilikum
4 Handvoll frischer Blattspinat
Parmesan

Die Tortellini etwas kürzer als in der Packungsanleitung empfohlen kochen und für die Weiterverarbeitung zur Seite stellen. Eine Kelle Nudelwasser für die Soße aufheben.

Den Knoblauch schälen und gemeinsam mit der halben Chilischote pürieren. Das Püree in eine Pfanne mit Butter geben und unter Rühren kurz anbraten.

Anschließend Tomatenmark und Cherrytomaten am Stück ebenfalls in die Pfanne geben und für 2 – 3 Minuten erhitzen.

Den Pfanneninhalt mit Weißwein ablöschen und mit Salz und Pfeffer würzen. Alles gut durchrühren und die mittlerweile weichen Tomaten mit einer Gabel zerdrücken, bis sie richtig schön matschig sind. Hafer-Cuisine in die Tomatensoße geben.

Das frische Basilikum (ein paar Blätter fürs Anrichten aufheben) und den Spinat gründlich waschen und gemeinsam mit der Kelle Nudelwasser von vorhin in die Pfanne geben. Gut umrühren und kurz köcheln lassen.

Die Tortellini in die Soße geben und weitere 2 Minuten bei geringer Hitze durchziehen lassen.

Etwas frischen Parmesan reiben und zusammen mit den übrigen Basilikumblättern auf die angerichteten Tortellini-Teller geben.

Kleiner Tipp:
....

Die Tortellini können auch durch andere Nudelsorten oder kleine Pellkartoffeln ersetzt werden.

Dieses Rezept hat mir schon nach so manch durchtanzter Nacht den Tag gerettet.

SPINAT NUDELN

....

Für 2 Portionen

Zuerst die Penne nach Packungsanleitung al dente kochen.

Um keine Zeit bei diesem schnellen Gericht zu verlieren, gleichzeitig den gefrorenen Rahmspinat mit etwas Milch in einen separaten Topf geben und auf niedriger bis mittlerer Hitze unter Rühren auftauen. Schön aufpassen, dass nichts anbrennt!

Während die Nudeln kochen und der Spinat langsam blubbert, die Hähnchenbrüste in mundgerechte Würfel schneiden.

Einen großzügigen Schuss Olivenöl langsam in einer Pfanne erhitzen und das Fleisch scharf anbraten. Ordentlich salzen, pfeffern und mit Chiliflocken abschmecken. Auf kleiner Hitze für circa 7 Minuten durch, aber nicht trocken braten. Kurz zur Seite stellen.

Nun die beiden Knoblauchzehen pressen, in den mittlerweile warmen Spinat geben und ordentlich verrühren.

Das Hähnchen wandert inklusive Bratensaft aus der Pfanne ebenfalls in den Spinattopf.

Die bissfest gekochten und abgeschütteten Nudeln mit einer großen Kelle Spinat-Soße zurück in ihren Topf geben, verrühren und auf zwei tiefe Teller verteilen.

Fast fertig: Nur noch eine weitere Kelle Soße auf jede Portion Nudeln geben und mit einem Häufchen (oder einem ausgewachsenen Haufen) Parmesan anrichten.

250 g Penne
450 g gefrorener Rahmspinat
1 Schuss Milch
2 Hähnchenbrüste
Olivenöl zum Anbraten
Salz
Pfeffer
1 Messerspitze getrocknete Chiliflocken
2 Knoblauchzehen
100 g geriebener Parmesan

Kleiner Tipp:

....

Wenn ich besonders viel Käselust habe, überbacke ich dieses Rezept. Dazu nutze ich am liebsten Fusilli statt Penne und stelle die Spinatnudeln im letzten Schritt in einer Backform mit einer ordentlichen Portion (circa 150 g) geriebenem Gratinkäse bei 180 Grad Umluft für circa 10 – 15 Minuten in den vorgeheizten Backofen.

05 TASTES
LIKE
NEW CHANCES

WENN ICH DAS SAGEN HÄTTE

Ich passe nicht in das klassische Bild der Chefin. Meine Führungsstrategie sieht irgendwie anders aus als das, was man automatisch im Kopf hat, wenn man an den Big Boss denkt. Darauf kann ich schon ein bisschen stolz sein, finde ich.

....

IN DIE ROLLE FINDEN

Lange bevor ich meine erste Aushilfe für den Schuhladen einstellte, erwischte ich mich immer wieder dabei, wie ich andere Unternehmen anschaute und sagte: „Wenn ich die Chefin wäre, würde ich das ganz anders machen."
Wie genau das aussehen sollte, musste ich jedoch erst lernen.
Um in die neue Position hineinwachsen zu können, brauchte es natürlich zunächst eins: ein Team. Dieses zusammenzustellen, fiel mir am Anfang ganz schön schwer. Nicht, weil es nicht genug zu tun gab oder wir nicht die richtigen Menschen fanden, sondern weil ich nicht so gut loslassen konnte. Bisher gab es nur Mark, Michi, die Fellnasen und jede Menge wunderschöne Schuhe. Ein Familienunternehmen quasi. Das alles jetzt zu teilen und Aufgaben abzugeben, kostete mich unheimlich viel Überwindung. Irgendwann kam ich aber einfach nicht mehr drumherum, Hilfe anzunehmen. Aus der ersten Aushilfe entwickelte sich recht schnell ein mehrköpfiges Team, das nicht nur für Mark und mich arbeitete, sondern fest zum Gesamtkonzept dazugehörte. Mit jedem Jahr, in dem wir weiterwuchsen und neue Aufgaben für mehr und mehr Menschen entstanden, konnte ich die Kontrolle immer besser abgeben. Versteht mich nicht falsch, ich will weiterhin noch wissen, was wie genau wo passiert, aber ich muss es nicht mehr unbedingt abnicken. Meine Boys und Girls machen das schon – da habe ich vollstes Vertrauen!

WILLKOMMEN IN DER WANTS-FAMILIE

Als wir unsere Agentur gründeten, warben wir unser erstes Teammitglied ganz praktisch aus dem eigenen Schuhladen ab. Und dann noch eins und noch eins. Dieser Ablauf ist keine geplante Vorgabe von Mark und mir, aber irgendwie hat sich das einfach so ergeben. Schuhe verkaufen, in die manchmal – oder auch meist – chaotische Welt rund ums

Produkt verlieben und im besten Fall ein Aufgabengebiet finden, das perfekt zu einem passt. Und manchmal ist das eben ein Job in der Agentur. Das bedeutet nicht, dass der Schuhladen die unterste Sprosse der Wants-Karriereleiter ist. Keinesfalls! Der Schuhladen und die Social-Welt der Agentur lassen sich sowieso nicht wirklich voneinander trennen und weil die Türen in alle Richtungen immer offenstehen, finden wir gemeinsam im Team heraus, wo welche Stärken liegen. Sind die erstmal entdeckt, ist es schließlich Chefsache, dieses Potenzial zu fördern.

MANCHE KÖNNEN'S EINFACH BESSER

Genau wie Mark mich zu Beginn der Selbstständigkeit in mein Glück geschubst hat, so machen wir das auch jetzt noch mit unserem Team. Wir lassen natürlich niemanden allein im kalten Wasser schwimmen, sondern helfen mit Rat und Tat, wo es nur geht. Doch meistens merken wir sehr schnell, dass wir fachlich überhaupt nicht so sehr gebraucht werden. Alles, was wir tun müssen, ist unterstützen, staunen und stolz auf das sein, was diese talentierten Menschen mit unserem Baby anstellen und es Projekt für Projekt auch ein Stück weit zu ihrem eigenen machen.

AUFEINANDER ACHTEN

Sobald Mark und ich mit den Hunden morgens die Agentur betreten, ist High Life angesagt! Manchmal sehen wir uns erst Stunden später wieder, auch wenn wir im Arbeitsstress x-mal aneinander vorbeilaufen. Die Gedanken sind einfach woanders, während wir in der Lindenstraße sind. Da gerät nicht nur der Partner, sondern auch das Mittagessen öfter als gewollt in Vergessenheit.
Womit wir die Überleitung zu meinem Lieblingsthema gemeistert hätten: nahrhaftes und schnell zubereitetes Essen. Am liebsten snacke ich auf der Arbeit etwas, das lecker und nicht zu schwer ist. Nachmittagstiefs sind auch ohne

Völlegefühl nicht zu unterschätzen. Deshalb wandert in die Team-Schüssel jede Menge frisches Gemüse, Salat, Proteine, sattmachende Kohlenhydrate und Kräuter, die die Geister nochmal neu anregen. Alle, die genau wie ich an den meisten Tagen nicht fürs Mittagsessen vorausgeplant haben, dürfen sich einen Teller schnappen und zuschlagen. Im Idealfall schaffen wir es als Team, gemeinsam zu essen und die Arbeit für einen Moment am Schreibtisch oder auf der Verkaufsfläche zu lassen. Solche kleinen Auszeiten haben schon einige stagnierende Projekte mit neuen Ideen, Perspektiven und vor allem mit neuer Motivation wieder ins Laufen gebracht.

AUF AUGENHÖHE

Jeder kann sich selbstständig machen. Aber bestehen muss man. Das geht in den allermeisten Fällen nicht ganz so allein, wie man vielleicht zu Beginn denkt.
Zwischen all den Projekten, die wir als Team gemeinsam stemmen, ist es Mark und mir immer wichtig, mittendrin, statt von oben herabblickend zu sein. Wir sind die Chefs, aber eine wirkliche Hierarchie gibt es bei uns nicht. Ich erwarte Respekt, weil auch ich respektiere. Ich setze darauf, dass mir vertraut wird, denn auch ich vertraue jedem Teammitglied. Wir begegnen uns gegenseitig mit dem höchsten Maß an Wertschätzung. Mein Team soll wissen, dass es immer zu mir kommen kann. Das ist keine Floskel! Klar, manche Themen muss ich als Chefin angehen, aber bei anderen kann ich auch die ganz persönliche Michi sein.

*Ein gesunder Snack
für den kleinen Hunger
oder hektische Tage,
an denen es schnell
gehen muss.*

BROKKOLI FÜR ZWISCHENDURCH

....

Für 2 Portionen

Die gefrorenen Brokkoli-Röschen in kochendes, gesalzenes Wasser geben und 5 Minuten kochen.

Aus dem Wasser nehmen, in eine Schüssel geben und mit den Sonnenblumen-kernen, grobem Meersalz und frisch gemahlenem Pfeffer bestreuen.

Anschließend den Saft einer halben Zitrone, Apfelessig und Olivenöl über alles gießen. Der Brokkoli darf gerne in seinem Dressing schwimmen!

300 g TK Brokkoli (Röschen)
1 Handvoll Sonnenblumenkerne
Meersalz
Pfeffer
0,5 Zitrone (Saft)
1 – 2 EL Apfelessig
3 EL Olivenöl

Kleiner Tipp:
....

Mit frischem Brokkoli klappt's natürlich auch. Dauert durch das Schnippeln dann nur etwas länger.

PARIS
AVOCADO

....

FÜR DAS DRESSING
2 EL Olivenöl
1 EL körniger Senf
0,5 TL mittelscharfer Senf
1 TL süßer Apfelessig
Salz
Pfeffer

2 Avocados

Zunächst wird das Dressing angemacht. Dazu Olivenöl, beide Senfsorten, Apfelessig und je eine gute Prise Salz und Pfeffer mixen.

Nun beide Avocados in der Mitte teilen und den Kern entfernen.

Das Dressing in die entstandenen Kuhlen in den Avocadohälften füllen.

SO WIRD GEGESSEN

Die Avocado samt Dressing einfach mit einem Löffel direkt aus der Schale essen. Dieses Gericht ist eine frische Beilage oder ein leckerer Snack zu Weißwein.

Kleiner Tipp:

....

Dazu passen knusprig gebratene Croutons oder Knoblauchbrot.

Dieser cremige Snack ist inspiriert vom Café Charlot. Jeder unserer Pariser Arbeits-Trips muss mindestens einen Besuch dort zulassen!

Ganz easy gemacht und mein liebster gesunder und sättigender Snack zwischen zwei Terminen.

KÖRNIGER FRISCHKÄSE SALAT

....

Für 4 Beilage-Portionen

Gurke und die vom Stiel gezupften Petersilienblätter waschen und gemeinsam mit der Avocado in mundgerechte Stücke schneiden.

Kichererbsen abschütten und anschließend in eine Schüssel mit klarem Wasser geben und waschen*.

Das geschnittene Gemüse zusammen mit Körnigem Frischkäse in eine Salat-schüssel geben und mit dem Saft einer Zitrone und dem Olivenöl beträufeln.

Würzen, gut durchmengen und vor dem Servieren für ein paar Minuten durch-ziehen lassen.

1 Gurke

0,5 Bund Petersilie

1 Avocado

1 Dose Kichererbsen (circa 265 g Abtropfgewicht)

200 g Körniger Frischkäse

1 Zitrone (Saft)

2 EL Olivenöl

Salz

Pfeffer

Kleiner Tipp:

....

*Noch im Wasserbad: Mit den Fingern die Schale der Erbsen ablösen, damit sie besser bekömmlich sind.

THUNFISCH SALAT

. . . .

Für 6 Beilage-Portionen

120 g brauner Reis (Naturreis)
1 Gurke
10 Cherrytomaten
0,5 Glas grüne Oliven (circa 200 g Abtropfgewicht)
0,5 Glas schwarze Oliven (circa 200 g Abtropfgewicht)
1 rote Zwiebel
2 Dosen Thunfisch in eigenem Saft (à circa 150 g Abtropfgewicht)
0,5 Bund Petersilie
0,25 Bund Schnittlauch
Salz
Pfeffer
1 TL Oregano (gerebelt)
2 EL Rotweinessig
4 EL Olivenöl

Den Reis in einem Topf nach Packungsanleitung in gesalzenem Wasser kochen.

Ungeschälte, gewaschene Gurke in dünne Scheiben schneiden und halbieren. Cherrytomaten und Oliven in mundgerechte Stücke und Zwiebel in Halbringe schneiden.

Den Thunfisch aus der Dose nehmen und in einem Sieb abtropfen lassen.

Wenn der Reis gar und noch leicht bissfest ist, gemeinsam mit dem Thunfisch und dem geschnittenen Gemüse in eine Schüssel geben und durchmischen.

Die gewaschenen Kräuter fein hacken und mit Salz, Pfeffer, Oregano, Essig und Öl über den Salat geben. Alles gut durchmengen und am besten mit lieben Menschen teilen!

Kleiner Tipp:

. . . .

Beim Dosen-Thunfisch gilt es, auf gute Qualität zu achten. Bitte informiert euch über Siegel, die eine artgerechte Haltung, keine Überfischung und eine schonende Fangmethode garantieren.

*Eine große Schüssel
Salat für alle, die ein
bisschen Snack-Power
im wuseligen Arbeitsalltag
gebrauchen können.
Macht satt, aber
nicht träge!*

LASS
UNS
GEMEINSAM
HERAUS
FINDEN
–
WAS
WIRKLICH
ZÄHLT

Muschelnudeln eignen sich perfekt für Nudelsalat. Das kleingeschnittene Gemüse und die Soße sammeln sich im inneren der Muschel und sie liefert somit Biss für Biss die volle Ladung Lecker!

MUSCHELNUDEL SALAT

....

Für 8 Beilage-Portionen

Einen Topf mit Salzwasser füllen und die ungeschälten Knoblauchzehen hineingeben. Das Wasser zum Kochen bringen, die Muschelnudeln hinzugeben und nach Packungsanleitung al dente kochen.

Die gewaschene, ungeschälte Gurke, Tomaten und Oliven in sehr kleine Würfel schneiden und die gewaschenen Kräuter fein hacken.

Kurz bevor die Nudeln fertig sind, den Knoblauch aus dem Wasser nehmen und die Schale entfernen. Gemeinsam mit Salz, Pfeffer, Apfelessig und 4 EL Olivenöl, sowie einer Kelle Nudelwasser in den Mörser geben und zu einer Soße verarbeiten.

Muschelnudeln abschütten und in eine große Schüssel füllen. Das geschnittene Gemüse, die Kräuter sowie die Knoblauch-Soße hinzugeben und alles gut miteinander vermischen.

Pinienkerne in einer Pfanne goldbraun rösten und anschließend mit dem handgezupften Mozzarella unter die Nudeln heben.

Zu guter Letzt den Saft der Zitrone über den Salat träufeln, mit Salz und Pfeffer abschmecken und noch einen kräftigen Schuss Olivenöl hinzugeben.

3 Knoblauchzehen

500 g Muschelnudeln

1 Gurke

500 g bunte Cherrytomaten

1 Glas schwarze Oliven (circa 200 g Abtropfgewicht)

1 Glas grüne Oliven (circa 200 g Abtropfgewicht)

1 Bund Basilikum

1 Bund Petersilie

Salz

Pfeffer

4 EL Apfelessig

6 EL Olivenöl

1 Handvoll Pinienkerne

1 Mozzarella (circa 125 g)

1 Zitrone (Saft)

Kleiner Tipp:

....

Der Muschelnudelsalat schmeckt auch noch am nächsten Tag super und ist ein perfektes Mittagessen fürs Büro.

LAUWARMER COUSCOUS SALAT

....

Für 8 Beilage-Portionen

500 g Couscous
2 – 3 EL Tomatenmark
1 Gurke
2 Handvoll Honig- oder Cherrytomaten
1 Glas Kalamata Oliven (circa 200 g Abtropfgewicht)
4 Frühlingszwiebeln
1 Bund Petersilie
200 g Feta
Salz
Pfeffer
1 frische rote Chili
4 EL Olivenöl
0,5 Zitrone (Saft)
50 ml Granatapfelsaft

Den Couscous in eine große Schüssel mit der Hälfte der empfohlenen Menge heißem Wasser geben. Die zweite Hälfte in einen gesonderten Behälter füllen und mit dem Tomatenmark verrühren, bis das Mark aufgelöst ist.

Das Tomaten-Wasser ebenfalls zum Couscous geben und unter einem Tuch in der Schüssel 10 Minuten quellen lassen.

Währenddessen Gurke und Tomaten waschen und mit den Oliven in kleine Würfel schneiden. Die Frühlingszwiebeln in dünne Ringe schneiden und die gewaschenen Petersilienblätter fein hacken. Feta abschütten und ebenfalls würfeln.

Den aufgequollenen Couscous durchmischen und die vorbereiteten Zutaten hinzugeben. Mit Salz, Pfeffer und je nach Vorliebe mit der kleingehackten Chilischote würzen.

Olivenöl, Saft einer halben Zitrone und den Granatapfelsaft als Dressing über den Salat geben. Alles schön verrühren und vor dem Servieren durchziehen lassen.

Kleiner Tipp:
....

Wer keine Angst vor Flecken hat, kann auch statt dem fertigen Saft, die Kerne eines Granatapfels leicht andrücken und in den Salat geben.

*Teilen erlaubt!
Der lauwarme Salat
ist eine leckere Beilage
oder ein fruchtiges
Hauptgericht.*

TASTES LIKE HOME

EIN SCHÜSSELCHEN VOLL HEIMAT

Für mich ist Kochen ein Mittel, um Erinnerungen festzuhalten und sie mir immer wieder ins Gedächtnis zu rufen. Gerichte, die ich als Kind gegessen habe, befördern mich heute zurück an vertraute Orte und in geliebte Situationen. Umgeben von Menschen, die ein Teil von mir sind.

....

KÖLSCHE KINDHEIT

Wenn ich an meine Kindheit auf dem Kölner Land zurückdenke, kommt mir sofort diese Szene ins Gedächtnis: Meine Schwester und ich kommen nach dem Unterricht aus der Schule. Die Rucksäcke hängen uns auf dem Weg vom Bus zur Haustür schon halb ausgezogen schief über den Schultern, bevor sie gemeinsam mit den Schuhen mehr schlecht als recht in die Garderobe geschwungen werden. Ein schnelles Wettrennen ins Badezimmer zum Händewaschen und ab geht es in die Küche, in der schon das Essen wartet, das Mama wie jeden Tag für uns gekocht hat. Aus den Töpfen dampft es verlockend und wir können es kaum erwarten, endlich zuzuschlagen, um dann gaaaaanz langsam zu essen. Denn je länger wir mit Essen beschäftigt sind, desto später werden die Hausaufgaben fällig! Kinderlogik ist einfach unschlagbar.

GESCHMÄCKER VERÄNDERN SICH

Mama kochte jeden Tag frisch für die Familie. Früher erschien mir das ganz selbstverständlich. Heute weiß ich, wie viel Mühe es kostet, sich immer wieder für ein Gericht zu entscheiden, das hoffentlich allen schmeckt. Dass da an Ausnahme-Tagen, die keine Zeit für aufwendiges Kochen zuließen, auch mal das schnelle Grillhähnchen vom Imbiss-Wagen auf dem Teller landete, ist mehr als nachvollziehbar. Für meine Schwester und mich waren solche Tage das heimliche Highlight. Knusperhähnchen voller undefinierbarer Gewürze und Pommes – großartig!
Auch wenn ich diese Ausnahmen sehr liebte, lasse ich sie gerne in meiner Kindheit. Ich bin kein Fan mehr davon,

künstliche Geschmacksverstärker als Wundermittel für alles zu benutzen. Wenn ich Hähnchen esse, mache ich das bewusst und möchte den Geschmack nicht überlagern. Es gibt ein Gericht aus meiner Kindheit, das für immer eines meiner Lieblingsessen bleiben wird: Knila. Ihr könnt gerne versuchen, es zu googeln, aber ich glaube, das hat sich meine Familie vor mehr als 150 Jahren einfach selbst ausgedacht. Ich finde es ganz besonders schön, dass schon mein Papa und später meine Schwester und ich mit demselben Rezept aufgewachsen sind. Es ist super deftig und recht zeitaufwendig in der Zubereitung und um ehrlich zu sein, habe ich es noch nie selbst gekocht. Am liebsten schaue ich sowieso Mama dabei zu, wie sie es in der unveränderten Küche aus meiner Kindheit kocht und weiß, wie jeder Handgriff sitzen muss.
In meinem Kochbuch möchte ich euch unser Familienrezept verraten und wer weiß, vielleicht wird es auch bei euch zur Tradition?

VOM LAND IN DIE STADT

Meine Schwester und ich wuchsen sehr behütet auf. Wir spielten viel draußen, verbrachten die meisten unserer Nachmittage im Pferdestall und genossen all die wunderschönen Vorzüge des Landlebens.
Trotzdem zog es mich irgendwann in die Stadt. Ich tauschte die Weite des Landes gegen Straßen voller Leben, meine Reithose und Gummistiefel gegen trendige Outfits und Stiefel und merkte mit jedem Jahr im Großstadtgewusel, dass dies meine perfekte Erwachsenen-Heimat war – ganz in der Nähe meiner Kindheits-Heimat.

Zuhause ist für mich schon auf eine Art örtlich verwurzelt. Mit seiner Mentalität, Herzlichkeit, Ehrlichkeit und ungezwungener Lebensfreude ist Köln ein Teil von mir und ich bin stolz, ein Teil von Köln zu sein.

HOME AWAY FROM HOME

Zwar bin ich in Köln geboren und privat sowie beruflich verankert, doch ich kann mich auch an anderen Orten heimisch fühlen.

In meiner Kindheit verbrachte ich unglaublich viele Sommermonate an einem Hafen in Italien auf dem Boot meiner Eltern. Das Hafenörtchen und die Nachbarn, die wir dort jedes Jahr trafen, sind ein Stückchen Heimat für mich geworden. Ganz egal, wie viele Sommer ich auch zwischen den Besuchen verpasse, fühlt sich der Weg in den Süden jedes Mal wie nachhause fahren an. Es gibt nichts, was ich dort erleben und von der Abenteuer-Urlaubsliste abhaken muss, was ich nicht schon in meiner Kindheit erledigt hätte. Auf dem schaukelnden Boot kann ich einfach nur sein und genießen.

Heute fahre ich nicht mehr mit meiner Eltern in den Urlaub, sondern habe Babes und die Fellnaser an meiner Seite. Bei jedem Besuch merke ich, dass dieser Ort auch immer mehr zu Marks Heimat wird und das macht mich unglaublich glücklich.

COUCHGEFÜHLE

Für mich ist Heimat also, wo ich mich für niemanden verstellen muss und von Menschen (und Hunden) umgeben bin, die mich bedingungslos lieben.

Am wohlsten fühle ich mich gemeinsam mit Mark, Little Miss Cookie und Hazel auf der Couch – mehr brauche ich nicht. Ein paar Bonuspunkte füge ich dann doch gerne hinzu. Ein kuscheliges Outfit, ein Glas Wein, eine Serie und ein Wohlfühl-Gericht auf dem Schoß. Das bedeutet für mich pure Geborgenheit.

SONNTAGS TOAST

....

Für 2 *Portionen*

4 Scheiben Vollkorntoast
2 – 3 Fleischtomaten
6 Scheiben Lieblingskäse
(z. B. Gouda oder Cheddar)
Meersalz
Pfeffer
Oregano (gerebelt)

Den Backofen auf 180 Grad Umluft vorheizen, ein Blech mit Backpapier auslegen und die ungetoasteten Scheiben Toast darauf verteilen.

Die Tomaten waschen und in Scheiben schneiden. Jeden Toast mit circa vier Tomatenscheiben belegen.

Auf die Tomaten kommen nun je 1,5 Scheiben Käse, etwas Meersalz, Pfeffer und Oregano.

Die Toasts für 15 Minuten im Ofen backen, bis der Käse geschmolzen ist und der Sonntagmorgen nach leckerem Frühstück duftet!

*Ich bin eigentlich nicht
so der Frühstücks-Typ.
Doch mit dem Toast
habe ich etwas gefunden,
für das auch ich mich
morgens (kurz) in
die Küche stelle.*

Kleiner Tipp:
....

*Mit Tomatenketchup als Dip essen Babes und ich unser Frühstückstoast am aller-
liebsten.*

EIN SPRITZER PURE LEBENS FREUDE

–

EINE PORTION WOHL FÜHLEN

Nicht nur bei einer Erkältung eine gute Idee. Diese zitronige Hühnersuppe steckt voller Gemüse und Liebe.

ZITRONIGE HÜHNERSUPPE

....

Für 4 – 6 Portionen

Zunächst die Vorbereitung: Das komplette Gemüse schälen und in Würfel schneiden. Die gewaschenen Kräuter grob hacken und das Hähnchen ebenfalls waschen und eventuell von Sehnen befreien.

In einem großen Suppentopf mit einem ordentlichen Schuss Olivenöl werden nun Zwiebel, Knoblauch, Möhren, Pastinake, Sellerie und Ingwer angeschwitzt.

Wenn die Zwiebelchen glasig sind, das Gemüse im Topf zur Seite schieben, damit in der Mitte eine Fläche frei wird.

Das Hähnchen mit den Kräutern (Koriander und Petersilie) und dem rohen Basmatireis in die Topfmitte geben. Mit Salz, Pfeffer und dem Gemüsebrühe-Pulver würzen und von allen Seiten anbraten.

Das Ganze nach ein paar Minuten mit Wasser aufgießen, bis der Topf fast voll ist (Wasser während des Kochens nachfüllen). Lorbeerblätter hinzufügen und bei mittlerer Hitze köcheln lassen.

Das Hähnchen nach 15 Minuten herausnehmen, die Knochen lösen und entsorgen. Das Fleisch nun in mundgerechte Stücke schneiden und zusammen mit der gewürfelten Zucchini zurück in den Topf geben.

Vier Scheiben Zitrone zur Suppe geben und weitere 5 – 10 Minuten köcheln lassen.

Die Suppe noch final mit Salz und Pfeffer abschmecken, die Lorbeerblätter herausfischen und mit einer frischen Scheibe Zitrone und frischen Kräutern servieren.

Olivenöl zum Anbraten

1 Gemüsezwiebel

2 Knoblauchzehen

4 Möhren

1 Pastinake

2 – 3 Stangen Staudensellerie

Circa 5 g Ingwer

1 Hähnchenbrust

1 Hähnchenschenkel

1 Bund Koriander

1 Bund Petersilie

1 Tasse Basmatireis

Salz

Pfeffer

2 EL Gemüsebrühe-Pulver

3 Lorbeerblätter

1 Zucchini

1 Zitrone (Scheiben)

Kleiner Tipp:

....

Die Suppe funktioniert natürlich auch ohne Huhn! Stattdessen könnten zum Beispiel Kartoffelstücke hinzugefügt werden.

ORANGEN KÜRBIS AUS DEM OFEN

....

Für 4 Portionen

1 mittlerer Hokkaido-Kürbis
1 mittlerer Butternuss-Kürbis
2 Süßkartoffeln
5 Schalotten
1 frische Knoblauchknolle
Salz
Pfeffer
Frischer Cayennepfeffer
2 Orangen
2 EL Ahornsirup

Backofen auf 200 Grad Umluft vorheizen. Zwei Bleche mit Backpapier auslegen und bereitstellen.

Beide Kürbisse waschen, aushöhlen und mit Schale in kleine Würfel schneiden. Die Süßkartoffeln gründlich waschen und ebenfalls in kleine Würfel schneiden.

Schalotten schälen und in grobe Stücke schneiden. Die Knoblauchknolle unge-schält köpfen und halbieren. Hier ist es ist wichtig, dass ein frischer Knoblauch verwendet wird!

Jetzt werden die Bleche belegt: Knoblauchhälften je mittig platzieren, Schalot-ten, Kürbisse und Süßkartoffeln außenrum legen. Mit Salz, Pfeffer und frisch gemahlenem Cayennepfeffer würzen.

Orangen vierteln, etwas von dem Saft übers Gemüse pressen und die Spalten an-schließend ebenfalls auf den Blechen verteilen. Den Ahornsirup über die Bleche träufeln.

Alles für 30 Minuten in den Ofen. Für die letzten 10 Minuten die Hitze auf 180 Grad reduzieren.

Vor dem Anrichten die Knoblauchzehen aus der Knolle pressen und die Schale entsorgen. Alles gut vermengen und mit Dip servieren.

Kleiner Tipp:
....

Sollte keine Kürbiszeit sein, schmeckt das Rezept auch stattdessen mit saisonalem Gemüse wie zum Beispiel grünem Spargel.

Inspiriert von einer Freundin und mein Lieblingsessen für Herbstabende.

Es gibt einiges zu schnippeln, aber das Endergebnis ist es allemal wert.

LAAB
GAI

....

Für 4 Portionen

Zunächst den Reis nach Packungsanleitung kochen.

Das Hähnchen waschen, abtupfen und in sehr kleine Stücke schneiden. Wenn ihr denkt, dass es jetzt klein genug ist, noch kleiner hacken!

Nun das Fleisch in einem Wok mit Sesamöl kurz anbraten und darauf achten, dass es nicht zu dunkel wird. Circa 7 Minuten bei geringer Hitze brutzeln.

Währenddessen Ingwer und Schalotten schälen und gemeinsam mit gewaschenem Sellerie, Frühlingszwiebeln, Gurke, den entkernten Thai-Chilis und Zitronengras (nur der innere, weiche Teil) sehr klein hacken. Alles mit der Fischsoße zum Hähnchen geben und unter Rühren anbraten.

Die Limetten über dem Wok auspressen, mit Salz (Achtung, die Fischsoße ist schon sehr salzig) und Pfeffer würzen und alles nochmal für 5 Minuten auf kleiner Stufe köcheln lassen.

Basilikum und Koriander waschen und fein hacken. Kräuter in den Wok geben und untermengen.

Den Blattsalat waschen, einige abgelöste Blätter auf einen Teller legen und mit Reis füllen. Die Anzahl der Salatblätter kommt ganz darauf an, wie viel Reis pro Salatblatt verwendet wird. Abschließend die Salat-Reis-Schiffchen mit Laab Gai (Inhalt des Woks) und ein paar Spritzern Limettensaft toppen.

300 g Jasmin-Reis

4 Hähnchenbrüste

2 EL Sesamöl

Circa 5 g Ingwer

3 rote Schalotten

2 Stangen Sellerie

1 Bund (Thai-)Frühlingszwiebeln

1 Gurke

1 rote Thai-Chili (scharf)

1 grüne Thai-Chili

1 Bund Zitronengras

2 EL Fischsoße

4 Limetten (Saft)

Salz

Pfeffer

7 – 10 Blätter frisches Thai-Basilikum

1 Bund Koriander

1 Kopf Blattsalat

Kleiner Tipp:

....

Am besten schmeckt das Laab Gai mit den Händen gegessen!

MASHED POTATOES MIT MASCARPONE

....

Für 2 Portionen

2 EL Mascarpone
8 – 10 mittelgroße Kartoffeln
(mehligkochend)
2 Knoblauchzehen
1 Bund Petersilie
Salz
Pfeffer
100 ml Hafer-Cuisine

Zunächst die Mascarpone aus dem Kühlschrank nehmen, damit sie Zimmertemperatur annehmen kann.

Die Kartoffelschale gut säubern und die Kartoffeln anschließend längs halbieren. Keimstellen und grüne Stellen großzügig rausschneiden.

Einen großen Topf mit Salzwasser aufstellen, Kartoffeln und die geschälten Knoblauchzehen hinzufügen und 15 – 20 Minuten kochen.

Während die Kartoffeln kochen, die Petersilie waschen und fein hacken. Mit einer Gabel den Gargrad der Kartoffeln testen, eine Kelle des Wassers beiseite tun und abschütten, sobald die Kartoffeln weich sind.

Die gehackte Petersilie zusammen mit Salz, Pfeffer, Hafer-Cuisine und dem Kartoffelwasser zurück zu den Kartoffeln und dem Knoblauch in den Topf geben.

Mit einem Kartoffelstampfer bearbeiten, bis ein geschmeidiges, aber nicht ganz feines Kartoffelpüree entsteht.

Das Püree portionieren und auf einem tiefen Teller mit einem großzügigen Klecks Mascarpone toppen.

Kleiner Tipp:
....
Wer ein besonders cremiges Püree mag, kann die Kartoffelmasse nach dem Stampfen noch mit dem Pürierstab mixen.

Kartoffelstampf, kühles
Regenwetter, Kerzenschein,
Couch und eine komplette
Staffel Lieblingsserie, bitte.

Ein absolutes
Feelgood-Essen!
Mit ein paar Kräutern,
Tomaten und Erbsen
ist es außerdem noch
eine ausgewogene
Mahlzeit ganz ohne
schlechtes Gewissen.

KARTOFFELN
AUS DEM OFEN

....

Für 4 Portionen

Den Backofen auf 200 Grad Umluft vorheizen, ein Blech mit Backpapier auslegen und bereitstellen.

Die Kartoffeln und die Tomaten gut waschen und einmal in der Mitte durchschneiden. Gemeinsam mit den gewaschenen Kichererbsen auf dem Backblech verteilen. Etwa die Hälfte der Kräuter (gewaschen und gehackt) ebenfalls unter das Gemüse mischen.

Mit Salz und Pfeffer würzen und 2 EL Kürbiskernöl gleichmäßig über das Ofengemüse geben. Jetzt noch den Sesam hinzufügen, alles gut miteinander vermengen und für 20 – 30 Minuten in den Ofen schieben.

Nach dem Backen erneut mit Meersalz und frischem Pfeffer abschmecken, etwas Kürbiskernöl über das Gemüse träufeln und mit dem Rest der Kräuter servieren.

1 kg Mini-Kartoffeln
(vorwiegend festkochend)

500 g Cherrytomaten

1 Dose Kichererbsen (circa 265 g Abtropfgewicht)

0,5 Bund Petersilie

2 EL frische Kresse

Meersalz

Pfeffer

3 EL Kürbiskernöl

1 kleine Handvoll Sesam

Kleiner Tipp:
....

Am liebsten essen wir die Ofenkartoffeln mit meinem Rosmarin-Feta-Dip
(s. Seite 30) oder dem frischen Zitronen-Quark-Dip (s. Seite 31)!

EINE
HANDVOLL
TRADITION
–
EINE
GROßE
PRISE
LIEBE
UND
GEBORGENHEIT

KNILA

....

Für 6 – 8 Portionen

FÜR DAS GULASCH

3 Gemüsezwiebeln

1 rote Paprika

2 große Rispentomaten

Butter zum Anbraten

1 kg Rindergulasch (mager)

2 Knoblauchzehen

Salz

Pfeffer

1 EL Paprikapulver

1 Glas Bratenfond (circa 500 ml)

1 Glas Gemüsebrühe (circa 500 ml)

2 – 3 EL Mehl

FÜR DEN KLOß

5 harte Brötchen (circa 5 Tage alt)

Milch zum Einweichen

500 g Mehl

5 Eier (Größe M)

100 ml Sprudelwasser

Salz

Mehl zum Ausrollen

FÜR DAS SAUERKRAUT

1 Stück Butter

1 kg frisches Sauerkraut

DAS GULASCH

Zunächst die Zwiebeln, Paprika und Tomaten grob würfeln. Ein Stück Butter in einem großen Topf erhitzen und das Fleisch mit der Zwiebel hineingeben und kurz anbraten. Dann die gewürfelten Paprika und Tomaten zusammen mit gepresstem Knoblauch, Salz, Pfeffer und Paprikapulver zum Gulasch geben. Wenn alles schön angebraten ist, den Bratenfond und die Gemüsebrühe in den Topf füllen und auf mittlerer Hitze für circa 3 Stunden mit nicht ganz geschlossenem Deckel köcheln lassen.

Circa 15 Minuten vor Ende der Kochzeit noch das gesiebte Mehl in die Soße rühren, um sie anzudicken. Das Fleisch ist fertig, wenn es butterweich ist und sich mühelos mit einer Gabel zerpflücken lässt.

DER KLOß

Während das Fleisch gart, die Brötchen in so viel Milch einweichen lassen, bis sie nichts mehr aufnehmen können. Anschließend alles richtig kräftig ausdrücken. Aus den Brötchen darf keine Milch mehr kommen!

Die Brötchen-Masse nun mit Mehl, Eiern, Sprudelwasser und einer ordentlichen Prise Salz in eine große Schüssel geben und für circa 20 Minuten gut kneten. Nicht wundern, der Teig ist recht klebrig. Einen großzügigen Haufen Mehl auf der Arbeitsfläche verteilen und den Kloßteig darauf legen. Den Teig nun in die Länge ziehen, bis eine gleichmäßige Rolle entsteht.

Nun einen Bratentopf circa zur Hälfte mit Wasser füllen und zum Kochen bringen. Den Teig hineingeben und auf höchster Stufe mit Deckel 20 Minuten kochen. Danach auf niedriger Stufe für weitere 70 Minuten kochen.

DAS SAUERKRAUT

Ein Stück Butter in einer Pfanne erhitzen, das Sauerkraut darin anbraten und goldbraun werden lassen.

SO WIRD GEGESSEN

Den Kloß nach dem Garen aus dem Wasser nehmen und in Scheiben schneiden. Je zwei Scheiben pro Portion mit einer Kelle Gulasch und Sauerkraut servieren.

Kleiner Tipp:

....

Michis Papa sagt: Am nächsten Tag schmeckt Knila aufgewärmt noch besser!

MICHIS PAPA AXEL ERZÄHLT

....

„Mein Vater, also Michis Opa, ist auf einem Gutshof im Egerland aufgewachsen, von wo wahrscheinlich auch das Knila-Rezept stammt. Nach dem Krieg konnte er nicht mehr dorthin zurückkehren und so brachte er das Familienrezept direkt nach Köln. Meine Mutter war eine sehr talentierte Köchin und machte mit ihrem geheimen Rezept alle, die es probieren durften, neidisch. Sie hat niemandem je verraten, wie es genau zubereitet wird, doch meine Frau hat es sich über Jahre hinweg immer perfekter abgeguckt, bis selbst ich keinen Unterschied mehr schmecken konnte. Ich freue mich sehr darüber, ein Lieblingsgericht aus meiner Kindheit mit meinen eigenen Kindern und meiner Frau lebendig halten und weitergeben zu können."

EIN
SCHUSS
BAUCH
GEFÜHL
UND
JEDE
MENGE
ZUVERSICHT

*Normalerweise bin ich
ja nicht so für Süßes
zu haben, aber bei diesem
flüssigen Schokokern
kann selbst ich
nicht widerstehen!*

FLÜSSIGE SCHOKOTÖRTCHEN MIT VANILLESOßE

....

Für 4 Portionen

DIE TÖRTCHEN

Vier Vertiefungen einer Blech-Muffinform mit Butter einfetten, Backkakao bestäuben und für später bereitstellen.

Die Schokolade in Stücke brechen und mit der Butter über einem Wasserbad zum Schmelzen bringen.

In einer separaten Schüssel die Eier und das Eigelb mit dem Zucker schaumig schlagen, bis der Zucker sich komplett aufgelöst hat.

Die geschmolzene Schokoladen-Butter-Mischung zum Eier-Zucker-Schaum geben und verrühren. Hierbei darf die Butter nicht mehr heiß, sondern nur leicht warm sein.

Nach und nach das Mehl, Salz und den Backkakao in die Mischung sieben. Mit einem Holzlöffel verrühren, bis ein glatter Teig entsteht.

Den Teig auf die vier Förmchen verteilen und für 2 – 3 Stunden in den Kühlschrank stellen.

DIE VANILLESOßE

Während die Törtchen im Kühlschrank sind, das Mark aus der Vanilleschote kratzen und zusammen mit der Schale, Sahne, Milch und 1 EL Zucker unter Rühren kurz aufkochen lassen. Dann direkt von der Hitze nehmen und abkühlen lassen.

In einer fürs Wasserbad geeigneten Schüssel 2 Eigelb und 1 EL Zucker mit Hilfe eines Schneebesens schaumig schlagen und nach und nach die abgekühlte Sahne hinzugeben.

Den Inhalt der Schüssel über dem Wasserbad (heißes, nicht kochendes Wasser) nun für circa 20 Minuten mit dem Schneebesen schlagen, bis die Soße andickt. >

FÜR DIE TÖRTCHEN

Butter zum Einfetten

Backkakao zum Bestäuben

75 g Schokolade (Vollmilch und Zartbitter gemischt)

4 EL Butter

2 Eier (Größe M)

1 Eigelb (Größe M)

2 EL Zucker

2 EL Mehl

Salz

1,5 TL ungesüßter Backkakao

FÜR DIE VANILLESOßE

1 Vanilleschote

140 ml Sahne

125 ml Milch

2 EL Zucker

2 Eigelb (Größe M)

FÜR DIE KARAMELL-KRÖNCHEN

4 Karamell-Sahnebonbons

FLÜSSIGE SCHOKOTÖRTCHEN MIT VANILLESOßE

....

DIE KARAMELL-KRÖNCHEN

Backofen auf 200 Grad Umluft vorheizen.

Die Sahnebonbons mit großzügigem Abstand auf einem mit Backpapier ausgelegtem Blech verteilen.

Für 6 – 7 Minuten im Ofen schmelzen lassen.

Direkt nach dem Backen ein zweites Backpapier auf die Bonbons legen und mit einer Tasse oder Ähnlichem flach drücken und auskühlen lassen.

DIE TÖRTCHEN BACKEN & ANRICHTEN

Backofen auf 220 Grad Umluft vorheizen.

Die kalten Törtchen 7 – 8 Minuten auf mittlerer Schiene backen.

Nach dem Backen sind die Törtchen wegen des flüssigen Kerns noch recht weich. Das ist ganz normal! Beim Herauslösen aber achtgeben, dass nichts zerdrückt wird.

Pro Portion nun eine kleine Kelle Vanillesoße auf ein Tellerchen geben und je ein Törtchen daraufsetzen. Das Karamell-Krönchen zum Abschluss noch als knusprige Garnitur ins Törtchen stechen.

Kleiner Tipp:
....

Zu Weihnachten tausche ich die Vanillesoße gegen eine Walnuss-Soße mit Banane: Dazu ein Stückchen Butter in einem kleinen Topf zum Schmelzen bringen und eine Handvoll Walnüsse mit einer Prise Zucker unter Rühren karamellisieren. Dann noch eine halbe Flasche Ahornsirup dazu und wenn alles heiß ist und blubbert, die Hitze wegnehmen und eine Banane in Scheiben unterheben. Die Soße mit dem Törtchen und Puderzucker servieren!

BRAT APFEL

....

*Für **6** Portionen*

6 Boskoop Äpfel
1 Zitrone (Saft)
200 g Marzipanrohmasse
1 Handvoll Rosinen
1 TL Lebkuchengewürz
1 TL Zimt
9 Spekulatiuskekse
4 cl Cointreau
8 Flocken Butter
50 g brauner Zucker

Den Backofen auf 180 Grad Umluft vorheizen.

Die Äpfel waschen, die Deckel abschneiden und zur Seite legen. Das Gehäuse der Äpfel mit einem Apfelausstecher oder Teelöffel aushöhlen, sodass Platz für die Füllung entsteht.

Die Zitrone über die Äpfel pressen, damit sie nicht braun werden. Die Äpfel in einer Auflaufform platzieren und kurz zur Seite stellen.

Die Marzipanrohmasse mit Rosinen, Lebkuchengewürz, Zimt und zwei zerbröselten Spekulatiuskeksen in eine Schale geben. Alles mit den Händen gut durchkneten, bis die Zutaten gleichmäßig verteilt sind.

2 cl Cointreau hinzugeben, die Masse erneut kneten und in die Äpfel füllen. Etwas Masse wird für später übrigbleiben. Je eine Flocke Butter auf die Masse geben, den braunen Zucker drüberstreuen und die Deckel wieder auf die Äpfel setzen.

Die überschüssige Marzipanmasse mit den restlichen Butterflocken, weiteren 2 cl Cointreau, einem Schluck Wasser und dem zerbröselten Spekulatius in der Form um die Äpfel herum verteilen.

Danach kommt das Ganze für 25 – 30 Minuten in den Backofen, bis die Äpfel schön durchweicht sind.

Warme Bratäpfel mit der Bonus-Marzipanmasse anrichten und genießen!

Kleiner Tipp:

....

Wer mag, kann noch ein paar Walnüsse rösten und eine Vanillesoße dazu zaubern (s. Seite 123).

Winter und Wohlfühlen in einem Gericht. Bonus: Die komplette Wohnung riecht nach Weihnachtsmarkt!

07
TASTES
LIKE
FUN

NEBELMASCHINE AUS, ICH WILL KOCHEN!

Ein leckeres Essen anbieten zu können, ist mir super wichtig, wenn ich meine Liebsten empfange.
Doch das heißt nicht, dass ich stundenlang allein in der Küche stehen muss. Oder will.

....

BIS DAS LICHT AN GEHT

Einen großen Teil meines Freundeskreises habe ich als Ju-
gendliche auf Kölner Tanzflächen kennengelernt und auch
meine beste Freundin Mary, die ich heute noch an meiner
Seite weiß, ist mir auf einer Party begegnet. Das Wochen-
ende läuteten wir meistens schon am Donnerstag ein und
zogen um die Häuser, bis schließlich niemand mehr die
Augen offenhalten konnte. Unsere Nächte endeten in den
meisten Fällen damit, dass wir bei einem von uns zuhause
den Kühlschrank plünderten, uns in Schlabberklamotten
auf die Couch warfen und am nächsten Morgen mit Zottel-
frisuren und jeder Menge neuer Geschichten aufwachten.
Ach, und mit den Resten unserer nächtlichen Kochsessions
auf dem Herd natürlich. Diese Überbleibsel in Topf und
Pfanne waren nicht immer das nächste Geheimrezept,
aber eine unserer Kreationen habe ich mir tatsächlich bis
heute als perfektes Kater-Essen beibehalten: Spinatnudeln
(s. Seite 77)!
Geht schnell, erfordert keinen top fitten Zustand, liefert
sogar Gemüse und lässt sich optimal in Kuschelstellung
auf der Couch mit der Gabel aus der Schüssel essen.

MAN WIRD DANN JA DOCH ERWACHSEN

Ich bin unglaublich froh, meine Party-Ära so intensiv gelebt
zu haben. Es gibt nichts, von dem ich denke, es noch nach-
träglich aufholen zu müssen. Wir fühlten uns damals so
unfassbar frei, Verantwortung spielte noch keine wirkliche
Rolle und wir ergriffen jede Chance, die sich uns bot, um
die Nacht zum Tag zu machen. Diese Zeit war unglaublich schön und ich möchte keinen einzigen Moment davon
missen.
Heute habe ich den Wodka-Maracuja gegen ein leckeres
Glas Wein eingetauscht und gehe nicht mehr so häufig
richtig feiern. Aber das Gemeinschaftsgefühl, das schon

damals am wichtigsten für mich war, suche ich auch heute
ganz bewusst auf. Statt auf eine Nebelmaschine, setze ich
auf meinen Partys nun eher auf leckeres Essen und Gemütlichkeit. Denn nicht nur ich bin erwachsener geworden,
mein Freundeskreis ist es auch. So treffen wir uns lieber
auf der Terrasse zum Abendessen, Filmabend oder einfach
zum Quatschen im Park. Bis auf die Ausnahmen natürlich, an denen ganz ungezwungen durch die Nacht getanzt
werden muss!

ERINNERUNGEN FÜR DIE EWIGKEIT

Ob für alte Freunde, neue Bekanntschaften oder das Team:
Ich bekoche am liebsten alle und bin super gerne Gastgeberin.
Das Essen spielt an diesen Abenden eine große Rolle, aber
nicht die wichtigste. Natürlich höre ich sehr gerne, wenn es
meinen Gästen schmeckt, aber viel glücklicher macht es
mich, wenn mein Essen dazu einlädt, gemeinsam zusam-
menzusitzen, Geschichten zu erzählen, abzuschalten und
einfach nur den Moment zu genießen. Kleine Chaosecken
auf dem Herd oder der ein oder andere Fellbüschel von Hazel und Cookie auf dem Fußboden fallen dann gar nicht auf.
So gechillt war meine Einstellung aber nicht immer. Noch
vor wenigen Jahren war ich da sehr viel perfektionistischer
und bin die Rolle der Gastgeberin viel zu stressig angegan-
gen. Oft stand ich stundenlang am Herd, um ganz besonders ausgeklügelte Menüs zu kochen und bekam nicht viel
von den Gesprächen mit, die währenddessen ohne mich am
Tisch stattfanden. Ich achtete darauf, dass die Wohnung
blitzeblank geputzt war und wechselte vor dem Eintreffen
des Besuches sogar meine Bettwäsche. Wer weiß, vielleicht
würde ja jemand überprüfen, wann diese das letzte Mal gewaschen wurde?! Total bescheuert, aber ich konnte einfach
nicht anders.

Irgendwann war ich es nach solchen Abenden dann aber leid, nie wirklich Teil des Geschehens gewesen zu sein. Niemand außer mir machte mir so einen Stress oder erwartete ein 5-Gänge-Menü. Also lernte ich, mich selbst nicht so sehr zu stressen.

ME-TIME UND DANN WE-TIME

Wenn ich heute liebe Menschen zu mir einlade, räume ich vorher das gröbste Chaos auf und gehe rechtzeitig einkaufen. Aber da hört der stressige Part auch schon auf. Nun koche ich nämlich so, dass der Abend gemeinsam genossen werden kann und ich mich nicht am Herd abkapsele. Ich brutzel, schnippel und mische viele Kleinigkeiten in Schüsseln zusammen, mariniere ein paar Leckereien, bereite Dips vor und stelle die Getränke kalt.

Diese Zeit genieße ich sehr. Es ist eine Art entspannende Me-Time geworden, in der ich mir ein Hörbuch oder eine Playlist anmache, ein Glas Wein genieße, den Fellnasen zwischendurch eine Kuscheleinheit verpasse und voller Vorfreude auf den gemeinsamen Abend bin.

Wenn die Gäste dann schließlich eintrudeln, wird gemeinsam alles auf den Tisch gestellt und wir reichen die Schüsseln voller Leckereien ganz gesellig herum. Hier mal probieren, da noch ein bisschen Nachschlag, dort eine witzige Geschichte, die die ganze Tafel zum Lachen bringt.

UNGEZWUNGEN SEIN

Zu besonderen Anlässen kommt die Perfektionistin manchmal noch zum Vorschein. Dann zaubere ich eine aufwendige Tischdeko, die perfekt zum stundenlang vorbereiteten Menü passt. Doch das passiert wirklich sehr selten. Dazu habe ich als Unternehmerin meistens nicht die Zeit, aber vor allem habe ich das Verlangen nicht.

Die wenigen freien Stunden, die wir alle als Erwachsene haben, sollten wir doch so ungezwungen und echt gestalten, wie wir nur können.

Und genau das schaffen die Rezepte in diesem Kapitel so unglaublich leicht. Sie lassen sich vorbereiten, an die Anzahl der Gäste anpassen, als Gericht zum Teilen einfach in die Mitte des Tisches stellen und bieten ganz viel Raum für das, wofür wir alle wirklich zusammenkommen: Freundschaft.

WIESO STRESSEN LASSEN – WENN ES DOCH AUCH SO EINFACH UNGEZWUNGEN GEHT

CIABATTA BROT

....

Für 1 Brot

0,5 Würfel frische Hefe
300 ml lauwarmes Wasser
500 g Mehl Typ 550
1,5 TL Salz
Mehl zum Bedecken

EIN TAG VOR DEM BACKEN

Frische Hefe in das lauwarme Wasser bröseln und mit dem Schneebesen verrühren.

450 g Mehl mit dem Salz in einer großen Schüssel vermischen. Anschließend das Hefewasser hinzufügen und mit einem Holzlöffel zu einem glatten Teig verarbeiten. Die restlichen 50 g Mehl hinzufügen und mit der Hand kneten.

Teig in der großen Schüssel so dicht wie möglich mit Folie verschließen und über Nacht im Kühlschrank gehen lassen.

AM TAG DES BACKENS

Die Schüssel mit dem Teig aus dem Kühlschrank nehmen und eine weitere Stunde noch immer abgedeckt bei Raumtemperatur gehen lassen.

Backofen auf 240 Grad Umluft vorheizen und ein kaltes Backblech großzügig mit Mehl bestreuen.

Mit einer Teigkarte den Brotteig aus der Schüssel kratzen und auf das Mehlbett geben, sodass ein circa 35 cm langes Ciabatta entsteht.*

Abschließend das Brot vor dem Backen mit so viel Mehl bestäuben, dass der Teig nicht mehr zu sehen ist und mit der Teigkarte oder einem Messer längs einschneiden.

Den Teig erneut (und diesmal wirklich zum allerletzten Mal) abgedeckt 15 Minuten bei Raumtemperatur gehen lassen und anschließend für 20 Minuten backen.

Nach dem Backen kurz abkühlen lassen, überschüssiges Mehl abstreifen und aufschneiden!

Kleiner Tipp:
....

* Ganz wichtig: Den Teig vor dem Platzieren auf dem Blech nicht mehr kneten, damit die eingeschlossenen Luftbläschen intakt bleiben!

Brotbacken ist eine
Wissenschaft für sich,
aber dieses Ciabatta
ist so einfach gemacht,
dass ich einfach keine
Ausrede mehr hatte.

An diesem Rezept arbeite ich, seitdem ich es vor Jahren das erste Mal in Paris gegessen habe.

Die Artischocke ist schnell gemeistert, aber die Vinaigrette ... die hat so einige Anläufe gebraucht.

ARTISCHOCKE
MIT VINAIGRETTE

....

Für 2 Portionen

FÜR DIE ARTISCHOCKEN
Einen großen Topf Wasser mit je einer großzügigen Prise Zucker und Salz zum
Kochen bringen.

Bevor die beiden Artischocken in das kochende Wasser gegeben werden können,
müssen sie noch gewaschen und der Strunk abgeschnitten werden.

Die Artischocken wandern nun mit den Zitronenscheiben ins kochende Salz-
Zucker-Wasser. Den gewölbten Deckel des Topfes mit der Oberseite nach unten
auflegen, sodass die Artischocken leicht unter die Wasseroberfläche gedrückt
werden und dennoch Luft aus den Seiten entweichen kann. Achtung: Ohne Luft-
löcher kocht das Wasser über!

Für 40 – 45 Minuten auf mittlerer Hitze köcheln lassen und währenddessen die
Vinaigrette zubereiten.

FÜR DIE VINAIGRETTE
Die halbe Zwiebel und den Knoblauch durch eine feine Küchenreibe in eine
Schüssel reiben.

Abrieb einer halben und Saft einer ganzen Zitrone, Apfelessig, Senf und Olivenöl
zu Zwiebel und Knoblauch geben und mit einem Schneebesen gründlich vermischen.

Vinaigrette mit 2 EL Wasser aus dem Artischocken-Topf verdünnen und erneut
mit dem Schneebesen schlagen, bis eine flüssig sämige Soße entsteht. Mit Meersalz und frisch gemahlenem Pfeffer abschmecken. >

FÜR DIE ARTISCHOCKEN
Zucker

Salz

2 Artischocken

2 Scheiben Zitrone

FÜR DIE VINAIGRETTE
0,5 Zwiebel

1 Knoblauchzehe

1 Zitrone (Saft und Schale)

2 EL Apfelessig

1 TL körniger Dijon-Senf

1 TL Dijon-Senf

2 EL Olivenöl

Meersalz

Pfeffer

Doch ich glaube, ich hab's geschafft. Zumindest sitze ich mit jedem Dippen in diese Soße gedanklich wieder in den engen Pariser Gassen und genieße die Abendsonne beim romantischen Dinner mit Mark.

ARTISCHOCKE
MIT VINAIGRETTE

....

SO WIRD GEGESSEN

Artischocken aus dem Wasser nehmen und je eine auf einem tiefen Teller mit der geöffneten Seite nach oben platzieren. Nun können die einzelnen Artischockenblätter von außen nach innen abgezogen und mit der unteren Hälfte in die Vinaigrette getunkt werden.

Das „Fleisch" des Blattes wird mit den Zähnen abgezogen. Sobald die Blätter kleiner und farblich Lila werden, schneidet man diese und das sogenannte Stroh vom Boden ab.

Als Abschluss des Pariser Snacks wird der zarte Boden der Artischocke (das Artischockenherz) mit ein paar Klecksen Vinaigrette genossen.

Kleiner Tipp:
....
Am besten wird die Artischocke als Vorspeise serviert. Eure Gäste werden euch lieben!

SUMMER ROLLS MIT ERDNUSSSOßE

....

Für 15 Rollen

FÜR DIE ROLLEN

2 Möhren

1 Avocado

0,5 Rotkohl

0,5 Gurke

1 Pak Choi

2 frische Peperoni (mild)

1 Paprika

Circa 20 g Ingwer

1 Stange Zitronengras

1 Handvoll frische Sojasprossen

1 kleiner Bund Thai-Basilikum

1 kleiner Bund Koriander

1 kleiner Bund Minze

2 Salatherzen

1 Handvoll Edamamebohnen
(gekocht)

2 Limetten

1 Hähnchenbrust

Sesamöl zum Anbraten

1 TL Ras el Hanout

oder

200 g Scampi

Sesamöl zum Anbraten

Chiliflocken

Salz

Pfeffer

1 Zitrone (Saft)

15 Reispapiere
(Durchmesser: 22 cm)

DIE ROLLEN

Das Gemüse: Alles waschen und falls nötig schälen.

In schmale Streifen schneiden: Möhren, Avocado, Rotkohl, Gurke, Pak Choi, Peperoni, Paprika.
Fein hacken: Ingwer, Zitronengras (nur das weiche Innere verwenden).
Am Stück: Sojasprossen, Thai-Basilikumblätter, Korianderblätter, Minzblätter, Salatblätter und Edamamebohnen.

Hähnchen: Den Boden einer Pfanne mit Sesamöl bedecken und die Hähnchenbrust in kleinen Stücken scharf anbraten und mit Ras el Hanout würzen. Brutzeln, bis die Stückchen knusprig und gar sind.
oder
Scampi: In Sesamöl anbraten. Mit Chiliflocken, Salz und Pfeffer abschmecken und den Zitronensaft darüber pressen. Circa 5 – 8 Minuten braten, bis die Scampi goldbraun sind.

SO ESSEN WIR DIE SUMMER ROLLS

In die Mitte des Tisches wird eine große Schüssel warmes Wasser gestellt. Jeder schnappt sich ein Reispapier und dippt es für circa 5 Sekunden in die Schüssel und legt es anschließend zum Befüllen auf einen flachen Teller. Die Zutaten werden dann mittig und horizontal auf einer Fläche von circa 14 cm x 7 cm platziert.

Zunächst lege ich ein Blatt Salat aufs Papier und bette das Gemüse darauf. Obendrauf kommen entweder ein paar Scampi oder Hähnchenbrust. Nicht zu viel verwenden, sonst lässt sich die Rolle nachher nicht schließen! Abschließend etwas Limettensaft drüber träufeln und Kräuter hinzufügen.

Zum Schließen nun das Reispapier von unten nach oben über den Inhalt klappen, die Enden links und rechts nach innen falten und eng nach oben rollen. Das Papier haftet an sich selbst und hält den Inhalt sicher fest. >

Minzig frisch meets nussig cremig. Die perfekte Kombi für heiße Sommertage und Urlaubsfeeling im Fingerfood-Format.

SUMMER ROLLS
MIT ERDNUSSSOßE

....

FÜR DIE ERDNUSSSOßE

200 ml Kokosmilch

250 g Erdnussmus

1 TL Fischsoße

3 EL Sojasoße

1 Limette (Saft)

Salz

Pfeffer

oder

CHILISOßE

DIE ERDNUSSSOßE

Zunächst die Kokosmilch in einem kleinen Topf erhitzen und das Erdnussmus mit dem Schneebesen einrühren. Mit Fischsoße, Sojasoße, Saft einer Limette, Salz und Pfeffer würzen. Den Topf von der Platte nehmen, abkühlen lassen und mit dem Stabmixer schön cremig pürieren.

Die vorbereiteten Rollen können je nach Vorliebe in die Erdnusssoße oder Chilisoße gedippt werden.

Kleiner Tipp:
....
Die Zutaten für die Summer Rolls bekommt ihr am einfachsten im Asia Markt.

*Füllt eure Rollen
mit Zutaten, auf die
ihr gerade Lust habt.
Die Kombinations-
möglichkeiten
sind so vielseitig!*

Dieses Gericht kann man super nach einer anstrengenden Sporteinheit essen.

SCAMPI
SALAT

....

Für 6 Beilage-Portionen

Zunächst die Scampi langsam auftauen lassen.

Währenddessen die Avocado und die gewaschene Gurke grob würfeln. Basilikumblätter klein hacken. Frischkäse, Avocado, Gurke, Basilikum und Saft einer halben Zitrone in eine Salatschüssel geben. Mit Salz und Pfeffer würzen und die Schüssel zum Durchziehen beiseitestellen.

In einer Pfanne das Olivenöl erhitzen und die aufgetauten Scampi hinzugeben. Mit Chiliflocken, Salz und Pfeffer abschmecken und den restlichen Zitronensaft über die Scampi pressen. Circa 5 Minuten auf mittlerer Hitze braten.

Währenddessen den Sellerie in Scheiben schneiden und gemeinsam mit den Erbsen und Bohnen in eine separate Pfanne geben und mit so viel Wasser auffüllen, dass alles knapp bedeckt ist. Mit Café de Paris würzen und köcheln, bis das Gemüse gar ist. Nach circa 8 – 10 Minuten Garzeit das übrige Wasser abschöpfen.

Die Scampi nun zum Gemüse geben und gemeinsam für 2 weitere Minuten erhitzen.

Den Pfanneninhalt abschließend zum vorbereiteten Salat geben, unterheben, abschmecken und schmecken lassen!

250 g TK Scampi ohne Schale
1 Avocado
1 Gurke
0,5 Bund Basilikum
200 g Körniger Frischkäse
1 Zitrone (Saft)
Salz
Pfeffer
Olivenöl zum Anbraten
Chiliflocken
1 Stange Sellerie
200 g TK Erbsen
200 g TK Bohnen
1 gehäufter TL Café de Paris

Kleiner Tipp:
....

Café de Paris gibt es als fertige Mischung in fast allen Supermärkten oder online zu kaufen.

LINSEN SALAT

....

Für 8 Beilage-Portionen

250 g rote Linsen
50 g Pinienkerne
5 – 10 Kalamata Oliven
5 – 10 grüne Oliven
1 Bund Petersilie
2 Frühlingszwiebeln
1 Gurke
200 g Feta
2 Handvoll Cherrytomaten
0,5 Zitrone (Saft)
2 EL Olivenöl
Salz
Pfeffer
Chiliflocken

Zunächst müssen die roten Linsen gewaschen und nach Packungsanleitung zubereitet werden. Das Ziel: Bissfest sollen sie sein!*

Pinienkerne in einer beschichteten Pfanne anrösten und anschließend zur Seite stellen.

Die restlichen Zutaten (Oliven, Petersilie, Frühlingszwiebeln, Gurke, Feta und Tomaten) nun in mundgerechte Stücke schneiden und in die Salatschüssel geben. Die warmen, aber nicht mehr heißen Linsen und die Pinienkerne hinzufügen und alles mit dem Saft einer halben Zitrone beträufeln.

Den Salat vor dem Servieren noch mit Olivenöl, Salz, Pfeffer und Chiliflocken abschmecken. Vorsichtig miteinander vermischen, damit die Linsen intakt bleiben.

Entweder direkt warm essen oder später kalt genießen.

Kleiner Tipp:
....

* Linsen waschen: Ungekochte Linsen in einem Topf kaltem Wasser mit der Hand durchmengen, bis das Wasser trüb ist. Wasser mit Hilfe eines Siebes abschütten und den Vorgang so lange wiederholen, bis sich das Wasser nicht mehr verfärbt.

Das ist eines meiner klassischen
„Na, was hat die Vorratskammer
denn noch so zu bieten?"-Rezepte.
Kurz vor knapp zusammengeworfen,
um nicht viel zu spät zur Grillparty
zu kommen und siehe da: Ist mega
lecker geworden! Schnell aufschreiben
und für die nächste Party merken.

PERFEKT
IST
NICHT
DAS
ZIEL
_

_
LIEBEVOLL
TRIFFT
ES
VIEL
EHER

Der Klassiker zum Grillfest. Nur ein bisschen mehr im Michi-Stil!

LAUWARMER KRÄUTER KARTOFFELSALAT

....

Für 8 Beilage-Portionen

Die Kartoffeln schälen und in kleine Stücke schneiden. In Salzwasser (circa 15 Minuten) bissfest kochen. Mit einer Gabel immer mal wieder einstechen, um den Gargrad zu überprüfen.

Während die Kartoffeln vor sich hin kochen, bleibt Zeit, um das Dressing zu mixen. Dazu Minze, Petersilie und Dill fein hacken und in ein Schüsselchen geben. Den Saft der Zitrone auspressen und mit Salz, Pfeffer und Olivenöl zu den gehackten Kräutern geben. Alles gut miteinander verrühren.

Radieschen, Gurke, Zwiebel und die Frühlingszwiebel waschen und in kleine Stücke schneiden.

Kartoffeln nach dem Kochen kurz abkühlen lassen und anschließend mit dem Gemüse und dem Dressing in eine Salatschüssel füllen.

Umrühren und das Dressing vor dem Verzehr einziehen lassen.

500 g Kartoffeln (festkochend)
0,5 Bund Minze
0,5 Bund Petersilie
Etwas Dill
1 Zitrone (Saft)
Salz
Pfeffer
5 EL Olivenöl
0,5 Bund Radieschen
1 Gurke
1 Roscoff-Zwiebel
1 Frühlingszwiebel

Kleiner Tipp:
....

Wer sich das Kartoffelschälen sparen möchte, kann junge Kartoffeln benutzen. Gut waschen, in kleine Stücke schneiden und einfach mit Schale kochen.

*Die Maiskolben haben
wir mal im Sommer
bei unseren persischen
Freunden gegessen und
seitdem sind wir
süchtig danach.*

MAISKOLBEN VOM GRILL

....

Für 2 Portionen

Die Blätter und kleinen Härchen vom Maiskolben entfernen. Mais auf ein heißes Grillrost (220 – 250 Grad) legen und unter gelegentlichem Wenden circa 25 Minuten schön braun werden lassen.

Währenddessen eine längliche Schüssel oder einen großen Topf mit heißem Wasser und ordentlich Meersalz füllen.

Den fertig gegarten Mais vom Grill ins heiße Wasser legen und 5 Minuten ziehen lassen.

Jetzt kann der Mais wah weise mit Butter, Limettensaft, frischen gehackten Kräutern, Pfeffer oder einer Mischung aus allem verfeinert und geknabbert werden!

2 frische Maiskolben
Meersalz

ZUM TOPPEN
1 EL Butter
1 Limette (Saft)
Frische Kräuter
Pfeffer

Kleiner Tipp:
....

Beim Einkaufen unbedingt beachten, dass der Mais nicht vorgekocht, sondern komplett roh ist – egal ob mit oder ohne Blätter.

GEGRILLTE SALATHERZEN MIT CASHEWSOßE

....

Für 2 Portionen

2 große Salatherzen

FÜR DIE SOßE
1 Handvoll Cashewnüsse
1 Bund Petersilie
Etwas Dill
1 Zitrone (Saft)
1 Messerspitze Honig
1 EL Olivenöl
1 TL Tahin
0,5 Bund Schnittlauch
Salz
Pfeffer

Die Cashewnüsse für die Soße in lauwarmes Wasser geben und eine Stunde einweichen lassen. Das Wasser sollte die Nüsse gerade so bedecken und wird gleich weiterverwendet.

Die weichen Nüsse samt Wasser, Petersilie, Dill, Saft einer Zitrone, Honig, Olivenöl, Tahin, Schnittlauch, Salz und Pfeffer mit dem Mixer für 3 – 4 Minuten pürieren. Das Endergebnis sollte eine cremige Soße sein. Diese noch kurz beiseitestellen.

Die Salatherzen am Stück waschen und trocknen lassen, bevor sie anschließend in der Mitte längs durchgeschnitten werden.

Nun mit der Schnittfläche nach unten auf das heiße Grillrost legen (220 – 250 Grad) und circa 8 – 10 Minuten bräunen.

Die Salatherzen auf tiefen Tellern anrichten, das cremige Dressing großzügig darüber verteilen und den bitteren Salatstrunk einfach übriglassen.

Kleiner Tipp:
....

Statt auf dem Grill, können die Salatherzen auch in der (Grill-)Pfanne angeröstet werden.

Ob als Vorspeise oder als Beilage: Dieser nussige, lauwarme Salat kann so einiges!

155

08 TASTES
LIKE
A DOG
WOULD
LOVE IT

EIN HERZ FÜR FELLNASEN

Hunde gehören einfach in mein Leben – ob meine eigenen Lieblinge oder Glücksnasen, die noch auf ihr neues Zuhause warten.

....

ICH BIN HUNDEMAMA MIT LEIB UND SEELE

Die kleinen Fellnasen schenken mir jeden Tag so viel Lebensfreude, dass ich ihnen am liebsten die ganze Welt zu Füßen legen würde. Ich spreche mit ihnen, trage sie auf den Armen durch die Welt, bekoche sie und kann nicht schlafen, wenn sie auch nur einen leichten Husten haben. Sie sind ganz einfach ein Teil meiner Familie.

LITTLE MISS COOKIE

Meine kleine Prinzessin ist schon so viele Jahre an meiner Seite, dass ich mir ein Leben ohne sie einfach nicht vorstellen kann. Wir sind miteinander erwachsen geworden, verreist, oftmals umgezogen und neuen Träumen nachgejagt. Immer wusste ich sie unterstützend wedelnd zu meinen Füßen oder in meinem Arm, wenn ich eine Kuscheleinheit brauchte. Die kleine Maus wird zwar in meinen Augen immer mein Baby bleiben, eigentlich ist sie aber schon eine ältere Hundedame und hat dementsprechend auch ihre Ansprüche. Sie mag nicht jedes Essen und kuschelt auch nicht mit jedem. Doch die Menschen, die sie in ihr kleines Herzchen geschlossen hat, die bekommen von ihr unglaublich viel Liebe. Cookie ist wirklich die beste Lehrerin, die wir uns hätten wünschen können. Zuerst zeigte sie Peanut und später Hazel, wie schön und vor allem entspannt das Leben sein kann. Mit ganz viel Geduld führte sie die beiden durch ihre neue Welt und wurde so zum sicheren Halt für uns alle.

PEANUT

Als ich diesen kleinen, verwahrlosten rumänischen Straßenhund im ersten Jahr von Marks und meiner Beziehung auf Facebook sah, war es sofort um mich geschehen. Ohne

Babes Wissen trat ich am selben Tag mit Britta und Magda von MAP Straßennasen in Kontakt – ein großartiger Verein, der Straßenhunde in Rumänien rettet und vermittelt. Mark erzählte ich, dass wir lediglich als Pflegestelle für die kleine Hündin fungieren würden. Ihm dämmerte ziemlich schnell, dass ich niemals vorhatte, meine Peanut wieder herzugeben und er wehrte sich zunächst. Wir hatten schließlich gerade erst den Laden eröffnet! Letztendlich konnte er dann aber natürlich nicht anders, als der Fellnase mit schiefem Gesicht und heraushängender Zunge komplett zu verfallen. Auch im Laden gewann sie mit ihrer zuckersüßen Art alle für sich, indem sie die Kundinnen mit einem sanften Stupser zum Streicheln aufforderte.

Die kleine Maus hat so viel in unserem Leben verändert und tut es auch nach ihrem Tod noch. Sie schickt uns nicht nur regelmäßig Regenbögen, sondern schenkte uns 2020 auch unsere Hazel.

HAZEL

Während eines erneuten Rettungs-Aufenthaltes in 2020 bei MAP in Rumänien entdeckten wir diese unglaublich starke Hündin, die mit ihren Welpen auf der Straße im Schnee ums Überleben kämpfte. Als Mark sie das erste Mal sah, war ihm sofort klar, dass wir sie mit nach Deutschland nehmen würden, obwohl wir nach Peanut eigentlich keinen neuen Hund haben wollten. Wie ihr seht, hat das nicht funktioniert. Die Eingewöhnung war schwierig. Hazel kannte nur das Straßenleben und hatte nicht gelernt, Menschen zu vertrauen. Es brach uns das Herz, wie sehr sie damit zu kämpfen hatte, ihr unbeschwertes Leben mit uns zu beginnen. Doch monatelange Arbeit, vorsichtige Fortschritte und unglaub-

*Begleitet und helft uns
unter @map_strassennasen
dabei, noch mehr Straßennasen
glücklich zu machen.*

lich geduldige Liebe von allen Seiten zahlten sich schließlich aus. Heute merkt man der Kämpferin noch immer an,
dass sie eine harte Vergangenheit durchleben musste.
Doch sie hat so viel Zuneigung und Vertrauen in sich, woran
sie nach und nach immer mehr Menschen teilhaben lässt.

EIN SICHERES ZUHAUSE

Der Verlust von Peanut führte uns nach Rumänien. Wir
wollten mit eigenen Augen sehen, wie sie dort gelebt hatte,
bevor sie ein Teil unserer Familie wurde. Den Kontakt zu
MAP hatten wir nach der ersten Facebook-Nachricht auf-
rechterhalten und so tauschten wir uns immer wieder über
die Lage vor Ort aus. Dabei wuchsen Britta und Magda uns
so sehr ans Herz, dass sie eine ganz wichtige Stütze nach
Peanuts Tod wurden. Sie fingen uns emotional auf und
zeigten uns in Rumänien, dass wir unsere Liebe für Fellnasen hier einsetzen konnten, um wirklich etwas zu bewirken.

Heute retten wir gemeinsam Straßennasen und bauen mo-
mentan ein neues Tierheim, in dem noch mehr Hunde einen
sicheren, schönen und liebevollen Unterschlupf finden, bis
sie hoffentlich ihr neues glückliches Zuhause für immer
finden.
Die Tierrettung ist für Mark und mich eine sehr wichtige
Herzensangelegenheit. Die Menschen hinter MAP sind zu
einer echten Familie geworden, mit denen wir gemeinsam
an einem Strang ziehen, um ganz vielen Glücksnasen das
Leben zu ermöglichen, das sie sich so sehr verdient haben.
So, wie Peanut es gewollt hätte.

REIS, GEMÜSE & HÄHNCHEN NAPF

....

Einen mittleren Topf circa zur Hälfte mit Wasser füllen und die Hähnchenbrust, das ungeschälte, gewaschene Gemüse gemeinsam mit dem rohen Reis hinzugeben.

Alles gemeinsam aufkochen lassen und anschließend 20 Minuten auf kleiner Hitze köcheln lassen.

Den gesamten Topfinhalt durch ein Sieb abschütten, wobei das Wasser in einer Schüssel aufgefangen wird. Das Hähnchen und das Gemüse in schnauzengerechte Stückchen schneiden und wieder zum Reis ins Sieb geben. Abkühlen lassen.

Was die Futtermenge angeht, gilt die Regel: 1 EL pro Kilo vom Gewicht des Hundes. Aber wie viel eure Hunde essen sollen, könnt ihr selbst am besten abschätzen. Hazel und Cookie bekommen als kleine Hunde pro Mahlzeit circa 4 EL vom Hähnchen-Gemüse-Reis zusammen mit je 1 TL Körnigem Frischkäse. Etwas von dem aufgefangenen Wasser wandert ebenfalls in den Napf und enthält zusätzlich wertvolle Nährstoffe für die kleinen Mäuse.

1 Hähnchenbrust
1 Süßkartoffel
1 Möhre
2 Kartoffeln
0,5 Tasse Naturreis
Körniger Frischkäse

*Mein Hundefutter-Rezept
ist eine Ideensammlung,
an der ihr euch für eure
Lieblinge nach Lust und Laune
bedienen könnt.*

Kleiner Tipp:
....
*Sollten eure Fellnasen Magenprobleme haben, bewirkt die Morosche Suppe als
Hausmittel Wunder. Einfach mal googeln und nachkochen!*

09 THE END
–
FOR NOW

ES
WAR
MIR
EIN
WAHRES
FEST
MIT
EUCH
–
BIS
BALD

DANKE

In diesem Buch stecken meine Rezepte und meine Geschichten.
Doch ganz allein hätte ich sie nicht auf Papier bringen können.

....

BABES, danke fürs Einkaufen, Probeessen und Paprika jonglieren. Ich weiß dich immer bedingungslos unterstützend an meiner Seite und auch wenn mich deine Neckereien oft auf die Palme bringen, würde ich sie für nichts eintauschen wollen. Ich liebe dich!

MAMA UND PAPA, ihr habt mir nicht nur Knila vermacht, sondern seid auch immer nur einen Anruf entfernt, wenn ich eure Hilfe brauche. Danke!

Meinen kleinen Fellnasen **COOKIE UND HAZEL** danke ich fürs Modeln, die beruhigenden Kuscheleinheiten und dafür, dass sie immer ganz nah bei mir sind.

Mein Manager **NICLAS KROLL** hat sich natürlich auch ein Dankeschön verdient. Obwohl ich auf seinen „Hey Michi, schreib doch ein Kochbuch"-Anruf mit einem deutlichen „Spinnst du?!" reagiert habe, ließ er nie locker.

Meiner Assistentin **HENNI** danke ich fürs Aufschreiben meiner leicht chaotischen Rezepte, für die Hilfe bei der Organisation und das Durchhaltevermögen an langen Korrekturabenden.

Ich danke dem gesamten **WANTS-TEAM** von Herzen. Ihr haltet mir immer den Rücken frei und unterstützt meine Projekte mit Spaß und Leidenschaft!

Ein riesengroßer Dank geht natürlich an den **HEINEN LOVEBRANDS VERLAG**, der meine Idee mit ganz viel Liebe fürs Detail greifbar gemacht hat.

Danke, **LENA UND CHRISTINA,** für die grandiose Organisation und die unkonventionell unkomplizierte Kommunikation während des gesamten Projektes.

MELISA UND ANINA, vielen Dank für die wunderschönen Fotos von meinen Gerichten und die so vertrauten und witzigen Stunden in meiner Küche.

Für das Testen und Probekochen meiner Rezepte möchte ich der lieben **FRIEDA** und allen freiwilligen **HOBBYKÖCHINNEN** aus dem Verlag danken.

Und weil der Inhalt aus meiner Social-Media-Welt nicht einfach so aufs Papier kommt, danke ich **LILLY** für das Verschriftlichen meiner Geschichten, **ELA** für die wunderschöne Gestaltung und das Layout, **SVENJA UND MAIKE** für die finale Reinzeichnung und generell dem ganzen Team für die Verwirklichung meiner Vision.

Außerdem danke ich jedem Einzelnen von **EUCH** dafür, dass ihr euch mit mir an die Kochtöpfe gestellt habt. Ich hoffe, es hat euch geschmeckt und schmeckt euch immer wieder!

Kuss, Bon Appetit und Happy Cooking,

eure Michi

IMPRESSUM

WANT GOOD FOOD
Simply Michi Brandl
ISBN: 978-3-9821206-5-2

Heinen Lovebrands Verlag
Ein Verlag der Heinen Lovebrands GmbH
Copyright ©2021 Heinen Lovebrands GmbH,
Hafenweg 26a, 48155 Münster
www.heinenlovebrands.com

1. Auflage 11/2021

Die Autorin hat dieses Buch nach bestem Wissen
und Gewissen verfasst. Dass sich dennoch kleine
Fehler ihren Weg ins Buch gebahnt haben, kann nicht
ausgeschlossen werden. Der Verlag und die Autorin
übernehmen hierfür keine Haftung.

Projektkoordination: Christina Götz und Lena Hölter
Management Michi: hypelab GbR
Text und Lektorat: Lilly Adam
Assistenz Rezepte: Frieda Prüße und Henni Schaefer
Fotos: Melisa Balderi und Anina Fröschel
Gestaltung, Layout und Satz:
Ela Schmitz, Svenja Kavermann und Maike Melzer
Druck und Bindung:
Fromm + Rasch GmbH & Co. KG, Osnabrück

Printed in Germany